연세 한국어

활용연습 2-1

연세대학교 한국어학당 편

연세대학교 대학출판문화원

연세 한국어
활용연습 2-1

편저자 연세대학교 한국어학당 교재편찬위원회
집필진 김미옥 · 박지연 · 강혜림 · 황혜진
발행 연세대학교 대학출판문화원

주소 서울시 서대문구 연세로 50
전화 02) 2123-3380~2
팩스 02) 2123-8673
e-mail : ysup@yonsei.ac.kr
http://www.yonsei.ac.kr/press
등록 1955년 10월 13일 제9-60호
인쇄 두성칼라
녹음 (주)반도음반
성우 윤미나 · 전광주
삽화 디투웍스
편집 더그라프

2013년 3월 5일 1판 1쇄   2019년 3월 19일 1판 11쇄
ISBN 978-89-6850-004-6(08710)
ISBN 978-89-6850-003-9 (세트)

값 15,000원(CD포함)

일러두기

- '연세 한국어 활용연습 2'는 총 10과로 이루어져 있으며, 각 과는 5개의 항으로 구성되어 있다.

- 각 과는 5개의 항으로 구성되어 있는데 1항부터 4항까지는 어휘, 문법 연습으로 구성되어 교재에 나온 어휘와 문법을 연습하도록 되어 있다. 5항은 한 과의 전체 내용을 총 정리하고 복습하는 내용으로 되어 있으며, 어휘와 문법 복습과 듣기 연습, 읽기 연습, 말하기 연습 등으로 구성되어 있다. 말하기 연습은 과마다 2개씩 넣었는데, 첫 번째 연습은 주제와 관련된 말하기 연습, 두 번째 연습은 문법 활용에 관련된 말하기 연습이며 첫 번째 말하기 연습에는 보기에서 모범 발화 예문을 제시하여 학생들의 이해와 연습을 돕고자 하였다.

- 학생들의 흥미를 끌고자 각 과의 중간 중간에는 재미있는 문장 읽기, 같은 소리 다른 말, 재미있는 말놀이, 숨은 글자 찾기, 주제별 단어 찾기 등 다양하고 흥미로운 내용으로 5개의 쉼터를 넣었다.

- 5과가 끝날 때마다 복습 문제를 넣어 배운 내용을 정리할 수 있도록 하였다.

- 문법 연습에는 문형에 필요한 품사들을 명기하였는데 명사는 N, 동사의 어간은 AVst, 형용사의 어간은 DVst로 표기하여 학생들의 이해를 돕고자 하였다.

- 학생들의 이해를 돕고자 각 연습 문제의 1번에는 정답을 써주어 보기와 같은 역할을 할 수 있도록 하였다.

- 책의 뒷부분에는 교재에 실린 듣기 연습 부분의 지문과 정답을 실어 학생들이 스스로 정답을 확인하고 공부하는데 도움이 되도록 하였다.

차례

2-1

2-2

제1과 소개

1과 1항

어휘

1. 다음 [보기]에서 알맞은 단어를 골라 (　　　) 안에 쓰십시오.

[보기]	도움	무역	모두	부탁하다	필요하다

❶ 설날에는 가족들이 (　모두　) 모여서 식사를 합니다.
❷ 길을 잃어버렸을 때는 가까운 경찰서에 가면 (　　　　　)을/를 받을 수 있습니다.
❸ 여권을 만들려고 하는데 사진이 몇 장 (　　　　　)어요/아요/여요?
❹ 한국말을 열심히 배워서 (　　　　　) 회사에서 일하고 싶습니다.
❺ 문제가 있으면 민수 씨에게 (　　　　　)으세요/세요. 도와줄 거예요.

2. 관계있는 것을 골라 연결하십시오.

❶ 증권회사 •		• 비행기 표를 팔고 비행기로 물건들을 보냅니다.
❷ 무역회사 •		• 매일 여러 나라의 뉴스를 소개합니다.
❸ 신문사 •		• 여러 회사의 증권을 사고팝니다.
❹ 여행사 •		• 여행가고 싶은 사람에게 여러 가지 도움을 줍니다.
❺ 항공사 •		• 다른 나라와 물건을 사고팝니다.

문법

Vst기 때문에

3. 다음 문장을 완성하십시오.

❶ 서비스가 좋 기 때문에 그 식당에 자주 가요. (서비스가 좋다)

❷ ______ 기 때문에 지하철을 타고 다녀요. (교통이 복잡하다)

❸ ______ 기 때문에 지각을 자주 해요. (늦게 일어나다)

❹ ______ 아침에 늦게 일어났습니다. (주말이다)

❺ ______ 아이들도 먹을 수 있어요. (맵지 않다)

❻ ______. (열심히 공부했다)

4. '–기 때문에'를 사용해서 다음 질문에 대답하십시오.

❶ 가 : 왜 외출하지 않고 집에만 계세요?
나 : 피곤하기 때문에 오늘은 쉬고 싶어요.

❷ 가 : 왜 아직까지 점심을 안 드셨어요?
나 : ______.

❸ 가 : 어제 왜 학교에 안 오셨어요?
나 : ______.

❹ 가 : 안나 씨는 한국말을 참 잘 하지요?
나 : 네, ______.

❺ 가 : 양견 씨가 오늘은 기분이 안 좋은 것 같아요.
나 : ______.

❻ 가 : 오늘은 도서관에 가지 않고 바로 집으로 가세요?
나 : 네, ______.

N 때문에

5. 다음 문장을 완성하십시오.

❶ 

회사일 때문에 외국에 자주 갑니다.

❷ 

.... 때문에 학교에 못 갔어요.

❸ 

.... 때문에 선생님이 화가 나신 것 같아요.

❹ 

.... 등산을 못 가요.

❺ 

.... 학교에 늦었어요.

❻ 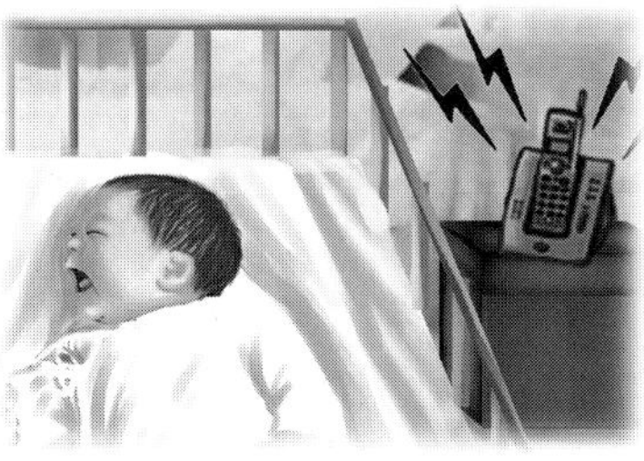

.... 아이가 깼어요.

N 이든지/든지

6. 다음 [보기]에서 알맞은 단어를 골라 문장을 완성하십시오.

[보기] 어디 언제 뭐 얼마 누구

❶ 과일은 건강에 좋으니까 얼마 이든지/든지 먹어도 괜찮겠지요?
❷ 어학당 학생은 ________ 이든지/든지 2층 컴퓨터를 쓸 수 있습니다.
❸ 사랑하는 사람이 가는 곳은 ________ 이든지/든지 같이 가고 싶어요.
❹ 저는 어머니가 만드신 음식은 ________ 잘 먹어요.
❺ 문제가 있으면 ________ 가지고 오세요. 고쳐 드리겠습니다.

7. 다음 [보기 1]과 [보기 2]에서 알맞은 것을 골라 질문에 대답하십시오.

[보기 1]

조용하다	시험이 끝나다
맵지 않다	학생증이 있다
필요하다	한국말을 쓸 수 있다

[보기 2]

얼마	언제
무슨 음식	누구
어떤 회사	어디

❶ 가 : 서울 관광 지도 좀 가져 갈 수 있어요?
나 : 필요하면 ~~으면/면~~ 얼마든지 가져 가세요.

❷ 가 : 뭘 먹고 싶으세요?
나 : ________ 으면/면 ________.

YONSEI KOREAN WORKBOOK 2

❸ 가 : 우리 롯데월드에 언제 갈까요?

나 : ______________ 으면/면 ______________________.

❹ 가 : 어떤 회사에서 일하고 싶어요?

나 : ______________________________________.

❺ 가 : 어디에서 시험공부를 할까요?

나 : ______________________________________.

❻ 가 : 외국 학생도 도서관에 들어 갈 수 있어요?

나 : ______________________________________.

1과 2항

어휘

1. 다음 [보기]에서 알맞은 단어를 골라 (　　　) 안에 쓰십시오.

[보기] 전공	경영학	얼마나	졸업하다	시작하다

❶ 여기에서 하숙집까지 (　얼마나　) 걸려요?

❷ 대학교를 (　　　　)고 무슨 일을 하고 싶어요?

❸ 다음 주 월요일부터 아르바이트를 (　　　　)을/ㄹ 거예요.

❹ (　　　　)을/를 공부하면 회사에서 일하기가 쉬울 것 같아요.

❺ 제 (　　　　)과/와 잘 맞는 일을 찾기가 쉽지 않습니다.

2. 다음 [보기]에서 전공과 관계있는 단어를 골라 쓰십시오.

[보기]				
병원	방송국	환자	돈	박물관
뉴스	하늘	의사	별	경복궁
왕	시장	과학자	은행	기자

❶ 천문우주학 : ……별……, …………, …………

❷ 의학 : …………, …………, …………

❸ 경제학 : …………, …………, …………

❹ 신문방송학 : …………, …………, …………

❺ 역사학 : …………, …………, …………

YONSEI KOREAN WORKBOOK 2

문법

AVst 은/ㄴ 지

3. 다음 그림을 보고 문장을 완성하십시오.

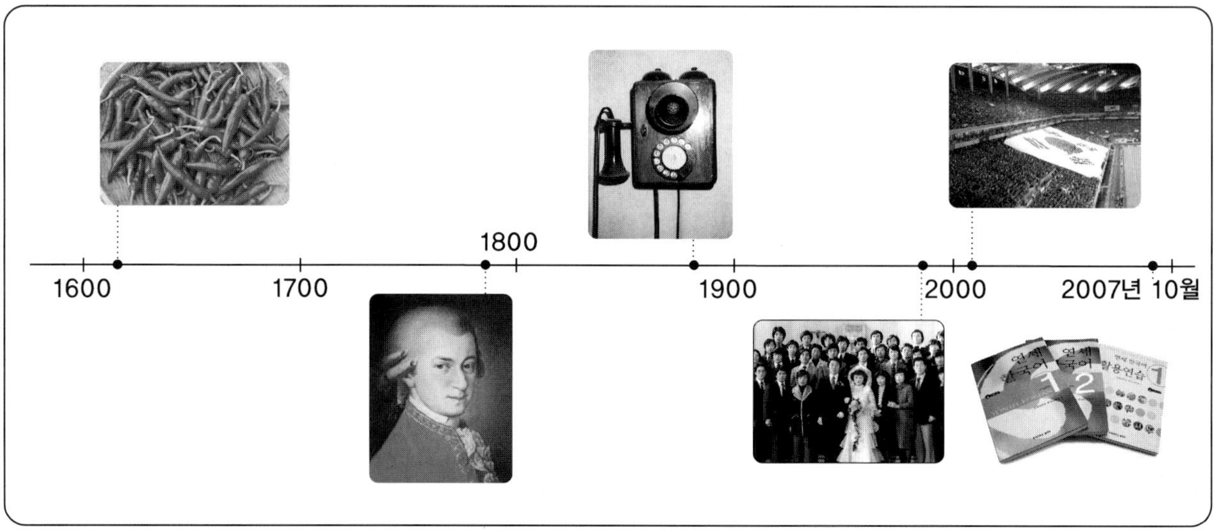

❶ 400년 전에 우리나라에 고추가 들어왔습니다.

➔ 한국에 고추가 들어온 지 ~~은/ㄴ 지~~ 400년 쯤 됐습니다.

❷ 모차르트는 200년 전에 죽었습니다.

➔ ………………………… 은/ㄴ 지 ………………………… 됐습니다.

❸ 130년 전에 벨이 전화기를 만들었습니다.

➔ ………………………… 은/ㄴ 지 ………………………… 됐습니다.

❹ 1980년에 부모님께서 결혼하셨습니다.

➔ …………………………………………………………………… .

❺ 2002년에 한·일 월드컵이 열렸습니다.

➔ …………………………………………………………………… .

❻ 2007년 6월부터 어학당에 다녔습니다.

➔ …………………………………………………………………… .

4. 다음 질문에 대답을 쓰고 '-은/ㄴ 지'를 사용해서 대화를 완성하십시오.

질문	대답
❶ 언제부터 한국말을 배웠습니까?	6개월 전
❷ 언제 고등학교를 졸업했습니까?	
❸ 언제 부모님께 전화했습니까?	
❹ 언제 휴대 전화를 샀습니까?	
❺ 언제부터 그 하숙집(기숙사)에 살았습니까?	
❻ 언제 극장에서 영화를 봤습니까?	

❶ 가 : 한국말을 배운 지 얼마나 됐어요 ?
나 : 한국말을 배운 지 6개월 됐어요 .

❷ 가 : ______________________ ?
나 : ______________________ .

❸ 가 : ______________________ ?
나 : ______________________ .

❹ 가 : ______________________ ?
나 : ______________________ .

❺ 가 : ______________________ ?
나 : ______________________ .

❻ 가 : ______________________ ?
나 : ______________________ .

AVst는데, DVst 은데/ㄴ데[1]

5. 관계있는 것을 연결하고 문장을 만드십시오.

❶ 저는 매운 음식을 잘 먹어요. •	• 거기는 날씨가 어떻습니까?
❷ 여기는 조금 춥습니다. •	• 민수 씨도 같이 가시겠어요?
❸ 오늘은 시간이 없어요. •	• 안나 씨도 잘 드세요?
❹ 저는 기숙사에 살아요. •	• 아야코 씨는 어디에 살아요?
❺ 친구하고 영화를 볼 거예요. •	• 은영 씨는 뭘 하셨습니까?
❻ 저는 지난 주말에 등산을 했습니다. •	• 내일 오후에 만날까요?

❶ 저는 매운 음식을 잘 먹는데 ~~는데,은데/ㄴ데~~ 안나 씨도 잘 드세요 ?

❷ .... 는데,은데/ㄴ데 .... ?

❸ .... 는데,은데/ㄴ데 .... ?

❹ .... ?

❺ .... ?

❻ .... ?

6. '-는데,은데/ㄴ데' 를 사용해서 다음 대화를 완성하십시오.

(러시아에서 온 안나 씨가 고향친구 따냐 씨와 오랜만에 전화를 합니다.)

안나 : 여보세요. 따냐 씨, 저 안나예요.

따냐 : 아, 안나 씨, 정말 오래간만이에요. 그 동안 잘 지냈어요?

안나 : 네, 아주 잘 지냈어요. ❶ 서울은 날씨가 따뜻한데 거기는 어때요 ?

따냐 : 여기는 바람도 불고 조금 추워요.

여기는 지금 저녁 10시인데 ❷ ________________ ?

안나 : 서울은 9시예요.

❸ ________________ ?

따냐 : 저도 학교 생활이 재미있지만 숙제가 많아서 조금 힘들어요.

안나 : 그렇군요.

❹ ________________ ?

따냐 : 저는 시험공부를 하고 있어요.

❺ ________________ ?

안나 : 저는 지난주에 시험이 끝났어요. 조금 있으면 방학이에요.

그래서 방학 때 ❻ ________________ ?

따냐 : 저는 아직 계획이 없는데 서울에 한 번 가보고 싶어요.

안나 : 그럼, 서울에 오면 꼭 연락하세요. 그리고 시험도 잘 보세요.

따냐 : 고마워요. 그럼, 다음에 또 전화하세요.

1과 3항

어휘

1. 다음 [보기]에서 알맞은 단어를 골라 (　　　) 안에 쓰십시오.

[보기]　오래간만　힘들다　지내다　사귀다　익숙하다

❶ (　오래간만　)에 운동을 하니까 다리가 아파요.

❷ 하숙집에 사니까 한국친구를 많이 (　　　　　)을/ㄹ 수 있어서 좋아요.

❸ 그 동안 어떻게 (　　　　　)었습니까/았습니까/였습니까?

❹ 집이 멀어서 학교에 다니기가 (　　　　　)습니다/ㅂ니다.

❺ 이제는 매운 음식에 (　　　　　)어져서/아져서/여져서 잘 먹어요.

2. 다음 대화를 읽고 [보기]에서 알맞은 단어를 골라 (　　　) 안에 쓰십시오.

[보기]　조카　이모　할머니　작은아버지　고모

마이클 : 지선 씨 왼쪽에 있는 분은 어머니시지요?
　　　　어머니 옆에 계신 분은 누구세요?
지　선 : ❶ 아버지의 어머니세요.
마이클 : 지선 씨 뒤에 계신 분은 누구세요?
지　선 : ❷ 어머니의 언니세요.
마이클 : 지선 씨 남편 뒤에 계신 남자 분은 누구세요?
지　선 : ❸ 아버지의 동생이세요.
마이클 : 지선 씨 남편 옆에 계신 분이 지선 씨 아버지시지요?
　　　　아버지 옆에 있는 여자 분은 누구세요?
지　선 : ❹ 아버지의 여동생이세요.
마이클 : 앞에 있는 아이는 누구예요?
지　선 : ❺ 오빠의 아들이에요.

❸
❷
연세웨딩홀
❹
❺
❶ 할머니

문법

DVst 어지다/아지다/여지다[1]

3. 다음 그림을 보고 문장을 완성하십시오.

❶

약을 먹으니까

괜찮아졌어요 ~~어졌어요/아졌어요/여졌어요~~.

❷

청소를 해서 교실이

.... 어졌어요/아졌어요/여졌어요.

❸

발음 연습을 많이 해서 발음이

.... 어졌어요/아졌어요/여졌어요.

❹

1급 때보다 배우는 단어가 더

....

❺

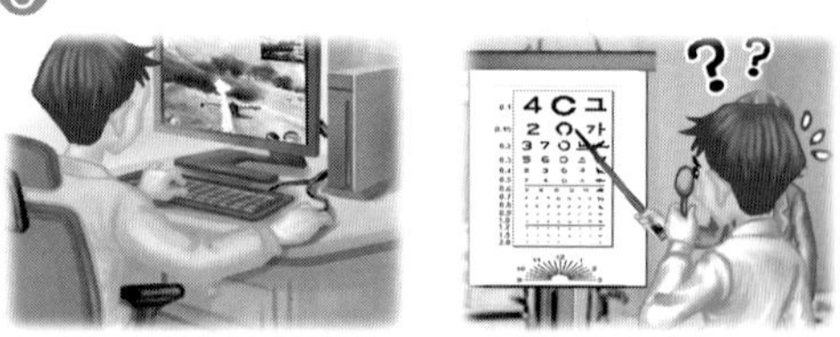

컴퓨터 게임을 많이 해서 눈이

....

❻

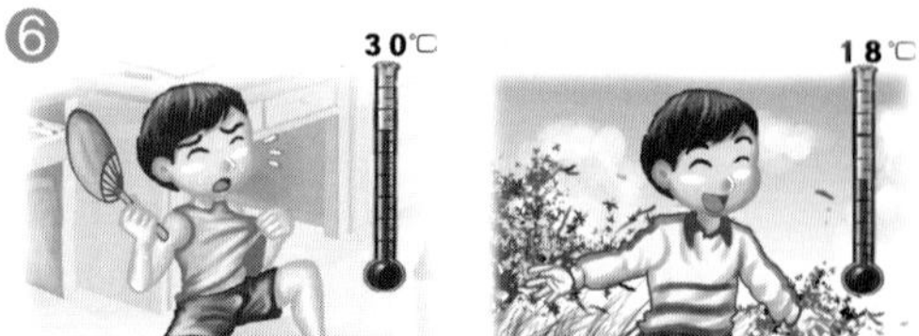

요즘 날씨가

....

4. 관계있는 것을 연결하고 '-어지다/아지다/여지다'를 사용해서 문장을 완성하십시오.

❶ 한국말을 잘하다 •	• 조용하다
❷ 창문을 열다 •	• 건강하다
❸ 문을 닫다 •	• 한국생활이 재미있다
❹ 방학이 끝나다 •	• 건강이 나쁘다
❺ 술을 많이 마시다 •	• 도서관에 학생들이 많다
❻ 담배를 끊다 •	• 시원하다

❶ 한국말을 잘하면 한국생활이 재미있어질 거예요.

❷ 창문을 열면 ________________.

❸ 문을 닫으면 ________________.

❹ ________________.

❺ ________________.

❻ ________________.

AVst 으려고/려고

5. 다음 두 문장을 연결하십시오.

❶ 수영장에 갑니다. / 수영복을 샀습니다.

➔ 수영장에 가려고 ~~으려고/려고~~ 수영복을 샀습니다.

❷ 아침에 일찍 일어납니다. / 일찍 잡니다.

➔ ________________ 으려고/려고 ________________.

❸ 책을 빌려요. / 도서관에 갔어요.

➔ ________________ 으려고/려고 ________________.

④ 새 차를 사요. / 돈을 모아요.

➔ ....

⑤ 음악을 듣습니다. / MP3를 샀습니다.

➔ ....

⑥ 샌드위치를 만들어요. / 빵을 샀어요.

➔ ....

6. '–으려고/려고'를 사용해서 질문에 대답하십시오.

❶ 가 : 왜 CD를 샀어요?

나 : 친구에게 생일 선물로 주려고 샀어요 .

❷ 가 : 왜 돈을 찾았어요?

나 : ....

❸ 가 : 왜 여권을 만들었어요?

나 : ....

❹ 가 : 왜 큰 가방을 샀어요?

나 : ....

❺ 가 : 왜 가족 사진을 가지고 왔어요?

나 : ....

❻ 가 : 어제 왜 전화 하셨어요?

나 : ....

1과 4항

어휘

1. 다음 [보기]에서 알맞은 단어를 골라 (　　　) 안에 쓰십시오.

[보기] 경치　　시골　　공기　　맑다　　다녀오다

❶ 어제 비가 와서 (공기)이/가 좀 깨끗해진 것 같아요.
❷ 한국에는 (　　　　)이/가 아름다운 산이 많아요.
❸ 부산은 비가 오는데 서울은 날씨가 (　　　　)어요/아요/여요.
❹ 지난 주말에 일본에 (　　　　)어서/아서/여서 좀 피곤합니다.
❺ 요즘은 도시에서 (　　　　)으로/로 이사 가는 사람도 많아요.

2. 다음 [보기]에서 알맞은 단어를 골라 쓰십시오.

[보기] 도시　　섬　　관광지　　유적지　　바닷가

❶ 설악산, 나이아가라, 그랜드 캐년, 만리장성	관광지
❷ 서울, 뉴욕, 하노이, 시드니	
❸ 제주도, 하와이, 여의도, 마다가스카르	
❹ 경주, 교토, 카이로, 이스탄불	
❺ 동해, 와이키키, 부산, 플로리다	

문법

DVst 어하다/아하다/여하다

3. 다음 [보기]에서 알맞은 단어를 골라 문장을 완성하십시오.

[보기] 재미있다 어렵다 미안하다 슬프다 귀엽다 힘들다

① 아이가 고양이를 귀여워합니다 ~~어합니다/아합니다/야합니다~~.

② 학생들이 이 문제를 .... 어합니다/아합니다/야합니다.

③ 학생들이 영화를 .... 어합니다/아합니다/야합니다.

④ 숙제가 많아서 학생들이 ....

⑤ 강아지가 죽어서 아이가 아주 ....

⑥ 정희 씨는 약속에 늦어서 ....

4. 둘 중에서 맞는 것을 골라 ○표 하십시오.

우리 옆집에는 ①(귀여운, 귀여워하는) 아이가 삽니다. 이 아이는 우리 가족이 ②(귀여운, 귀여워하는) 우리 개 '해피'를 ③(무서워해서, 무서워서) 우리 개를 보면 항상 웁니다. 어제도 이 아이가 해피 때문에 울었습니다. 제가 ④(미안해서, 미안해해서) 사탕을 주었습니다.

아이는 사탕을 받고 ⑤(좋았습니다, 좋아했습니다). 아이가 울지 않으니까 저도 ⑥(기뻤습니다, 기뻐했습니다).

Vst 겠군요

5. 다음 질문에 대답하십시오.

❶ 가 : 회사일 때문에 늦게 잤어요.

나 : 피곤하 겠군요.

❷ 가 : 저는 중국에서 5년 동안 살았어요.

나 : ____________ 겠군요.

❸ 가 : 우리 하숙집 1층이 노래방이에요.

나 : ____________ 겠군요.

❹ 가 : 10년 전부터 태권도를 배웠어요.

나 : ____________.

❺ 가 : 어제 남대문 시장에서 구두 두 켤레하고 옷 세 벌을 샀어요.

나 : ____________.

❻ 가 : 어제 식당에서 할아버지 생일 파티를 했어요.

나 : ____________.

6. '-겠군요' 를 사용해서 다음 대화를 완성하십시오.

지　선 : 마이클 씨는 집이 어디예요?
마이클 : 인천이에요.
지　선 : ❶ 학교까지 시간이 많이 걸리겠군요.
마이클 : 네, 한시간 사십 분 쯤 걸려요. 그런데, 지선 씨는 고향이 어디에요?
지　선: 제주도예요.
마이클 : 그럼, ❷ ....
지　선 : 네, 자주 못가요. 아, 참 마이클 씨 아르바이트를 하셨지요?
마이클 : 네, 지난 달부터 시작했어요.
지　선 : 무슨 아르바이트를 하세요?
마이클 : 아이스크림 가게에서 일해요.
지　선 : 그럼 ❸ ....
마이클 : 네, 많이 먹어요. 그래서 요즘 뚱뚱해졌어요.
지　선 : 아르바이트는 몇 시쯤 끝나요?
마이클 : 아홉시에 끝나요.
지　선 : ❹ ....
마이클 : 네, 그래서 가끔 늦게 일어나요. 오늘도 여덟 시에 일어났어요.
지　선 : ❺ ....
마이클 : 네, 한 시간 늦었어요.
지　선 : 참, 아침을 드셨어요?
마이클 : 아니요, 늦어서 못 먹었어요.
지　선 : ❻ ....
같이 뭘 좀 먹을까요?
마이클 : 네, 그럽시다.

1과 5항

어휘와 문법

1. 다음 [보기]에서 알맞은 단어를 골라 (　　) 안에 쓰십시오.

[보기]	도움	전공	시골	경치	필요하다
	부탁하다	졸업하다	익숙하다	지내다	다녀오다

❶ 여행갈 때 (필요한)는/은/ㄴ 물건들을 샀어요.

❷ 지난 주에 이사왔기 때문에 아직 (　　　　)지 않은 것이 많아요.

❸ 양견 씨는 어느 대학교를 (　　　　)었어요/았어요/였어요?

❹ 지금 서울에 살고 있지만 고등학교 때까지는(　　　　)에서 살았어요.

❺ 오후에 백화점에 갈 거예요. (　　　　)을/ㄹ 것이 있으면 말씀하세요.

❻ 제 고향은 (　　　　)도 아름답고 날씨도 따뜻합니다.

❼ 제 (　　　　)은/는 경영학입니다.

❽ 제가 한국에 처음 왔을 때 한국친구들한테서 (　　　　)을/를 많이 받았어요.

❾ 방학 때마다 고향에 (　　　　)으세요/세요?

❿ 우리 집에 있는 개와 고양이는 싸우지 않고 잘 (　　　　)어요/아요/여요.

2. 다음 질문에 답하십시오.

1) 무엇을 전공하고 싶습니까? (　　　　)

❶ 역사학　❷ 의학　❸ 경제학　❹ 신문방송학

2) 아래 친척 중에서 누구를 좋아합니까? (　　　　)

❶ 고모　❷ 이모　❸ 외삼촌　❹ 할아버지　❺ 할머니　❻ 사촌

3) 어떤 장소를 좋아하십니까? (　　　　)

❶ 도시　❷ 시골　❸ 바닷가　❹ 섬

4) 어느 회사에서 일하고 싶습니까? (　　　　)

❶ 신문사　❷ 여행사　❸ 무역 회사　❹ 항공사

5) 다음과 같이 문장을 만드십시오.

❶ ______ 을/를 전공한 우리 ❷ ______ 은/는 ❸ ______ 에서 ❹ ______ 에 다닙니다.

[보기] 의학을 전공한 우리 고모는 바닷가에서 무역회사에 다닙니다.

______ 을/를 전공한 우리 ______ 은/는 ______ 에서 ______ 에 다닙니다.

3. 대화를 완성하십시오.

❶ 가 : 오늘은 도서관에 사람이 많지 않군요.
나 : 시험이 끝났 기 때문에 사람이 많지 않아요 .

❷ 가 : 양견 씨는 음식은 다 잘 먹는 것 같아요.
나 : 네, 맞아요. ______ 이든지/든지 ______ .

❸ 가 : 무슨 영화를 보고 싶어요?
나 : ______ 이든지/든지 ______ .

❹ 가 : 언제 한국에 왔어요?
나 : ______ 은/ㄴ 지 ______ .

❺ 가 : ______ 은/ㄴ 지 ______ ?
나 : 10분 됐어요.

❻ 가 : 왜 케이크를 샀어요?
나 : ______ 으려고/려고 ______ .

❼ 가 : 2급은 공부할 것이 많지요?
나 : 네, ______ 어졌어요/아졌어요/여졌어요.

⑧ 가 : 어제 잡채 만들기 한 거 재미있었어요?
나 : 괜찮았어요. 친구들도 ______________ 어했어요/아했어요/야했어요.

⑨ 가 : ______________ 는데,은데/ㄴ데 ______________?
나 : 일본은 4월에 학교가 시작돼요.

⑩ 가 : ______________ 으려고/려고 하는데 ______________ 으시겠어요/시겠어요?
나 : 죄송하지만 저는 등산을 안 좋아하는데요.

4. 둘 중에서 맞는 것을 골라 O표 하십시오.

❶ 가 : 왜 이렇게 길이 복잡해요?
나 : 교통사고 때문에 길이 복잡해요. (○)
교통사고이기 때문에 길이 복잡해요. ( )

❷ 가 : 영수 씨는 영어를 잘 하는군요.
나 : 재미 교포이기 때문에 영어를 잘 해요. ( )
재미 교포 때문에 영어를 잘 해요. ( )

❸ 가 : 언제 만날까요?
나 : 오늘은 바쁘기 때문에 내일 만납시다. ( )
오늘은 바쁘니까 내일 만납시다. ( )

❹ 가 : 왜 1층 식당에 가요?
나 : 김밥을 사기 때문에 식당에 가요. ( )
김밥을 사려고 식당에 가요. ( )

❺ 가 : 왜 돈을 모아요?
나 : 여행을 가러 돈을 모아요. ( )
여행을 가려고 돈을 모아요. ( )

듣기 연습

CD: 01

5. 대화를 듣고 질문에 답하십시오.

1) 다음 그림 중에서 제주도가 <u>아닌</u> 것을 고르십시오. (   )

①

②

③

④

2) 대화의 내용과 같으면 ○, 다르면 X 하십시오.

① 제주도는 서울보다 춥고 바람이 많이 부는 곳입니다. (   )

② 여자는 고향에 갈 때 항상 비행기로 갑니다. (   )

③ 여름에는 제주도로 신혼 여행을 많이 갑니다. (   )

읽기 연습

6. 다음 이야기를 읽고 질문에 답하십시오.

이 분은 영국에서 온 마이클 씨입니다. 한국에 온 지 1년 되었고, 내년까지 한국에 있겠습니다. 지금은 한국 회사에서 일하고 있습니다. 가족은 부모님과 동생 한 명이 있습니다. 동생은 고등학생이기 때문에 부모님과 함께 살고 있습니다.

마이클 씨의 고향은 영국에 있는 작은 도시입니다. 그래서 지하철도 없고 교통도 복잡하지 않습니다. 한국에 처음 왔을 때 지하철과 버스 타는 것이 어려웠지만 지금은 괜찮아졌습니다.

마이클 씨는 10살 때부터 태권도를 배웠습니다. 그래서 태권도를 아주 잘 하고 또 아주 좋아합니다. 태권도를 좋아하기 때문에 한국말을 배우기 시작했습니다. 한국음식 중에서 갈비를 좋아하는데, 소갈비는 비싸서 자주 먹지 못합니다. 그렇지만, 돼지갈비는 비싸지 않으니까 자주 먹을 수 있습니다.

1) 마이클 씨는 왜 한국말을 배우기 시작했습니까? (　　　　)

❶ 갈비를 좋아해서　　❷ 태권도를 좋아해서
❸ 한국 회사에서 일해서　　❹ 한국 친구가 있어서

2) 마이클 씨 고향은 어떤 곳입니까? 쓰십시오.

....

3) 내용과 같으면 O, 다르면 X 하십시오.

❶ 마이클 씨는 1년 전에 한국에 왔습니다. (　　)
❷ 마이클 씨는 형제가 한 명 있습니다. (　　)
❸ 마이클 씨는 한국에 와서 태권도를 배웠습니다. (　　)

말하기 연습

7. 다음 [보기]와 같이 자기 소개를 하십시오.

[보기]

이름	다나카 미사코
나이	26살
결혼	☐ 했다 ☑ 안했다
고향	일본 도쿄
가족	부모님, 오빠 한 명
직업	회사원
한국말을 배우는 이유	회사일 때문에
지금 사는 곳	회사 기숙사
취미	등산

안녕하십니까? 저는 일본 도쿄에서 온 다나카 미사코 입니다.
나이는 26살이고 결혼은 안 했습니다. 가족은 부모님과 오빠 한 명이 있습니다. 저는 지금 일본 여행사에서 일하고 있습니다.
한국말은 일 때문에 배우고 있습니다. 저는 지금 서울역 근처에 있는 회사 기숙사에서 살고 있습니다. 제 취미는 등산입니다.

이름	
나이	
결혼	☐ 했다 ☐ 안했다
고향	
가족	
직업	
한국말을 배우는 이유	
지금 사는 곳	
취미	

8. 배운 문법을 사용해서 친구에게 질문하고 대답하십시오.

질문	대답
1) 한국에 온 지 얼마나 되었습니까?	
2) 한국 생활에 좀 익숙해지셨습니까?	
3) 무엇을 하려고 한국말을 배우십니까?	
4) 하숙집에 사는 학생들이 많은데 ○○ 씨는 어디에서 사세요?	
5) 왜 거기에서 삽니까?(-기 때문에)	
6) 그 하숙집(기숙사)에서는 외국 학생들만 살 수 있습니까?(든지)	
7) 우리 반 학생들은 한국생활을 재미있어합니까?	
8) 우리 반 ○○ 씨는 전공이 미술(수영, 피아노)입니다.(-겠군요)	

제2과 한국음식

2과 1항

어휘

1. 다음 [보기]에서 알맞은 단어를 골라 (　　　) 안에 쓰십시오.

[보기]　반찬　접시　파　설렁탕　덜다

❶ 요리를 할 때 (　파　)은/는 마지막에 넣는 게 좋아요.
❷ 하숙집 아줌마가 만드시는 (　　　　)은/는 다 맛있어요.
❸ 오늘은 날씨가 추워서 따뜻한 (　　　　)을/를 먹고 싶군요.
❹ 밥이 너무 많으면 좀 (　　　　)으세요/세요.
❺ 손님이 많이 올 때는 종이로 만든 (　　　　)을/를 사용하면 편해요.

2. 관계있는 단어를 연결하십시오.

설렁탕 •	• 찍다 •	• 간장
만두 •	• 비비다 •	• 소금
미역국 •	• 넣다 •	• 후추
국수 •	• 말다 •	• 밥
크림수프 •	• 뿌리다 •	• 고추장

문법

Vst어야/아야/여야 하다

3. 어떻게 해야 할까요? 다음 대화를 완성하십시오.

① 가 : 장학금을 받고 싶어요.
　나 : 그러면 열심히 공부해야 ~~어야/아야/여야~~ 합니다. (열심히 공부하다)

② 가 : 음악회가 곧 시작될 거예요.
　나 : 그러면 .... 어야/아야/여야 합니다. (핸드폰을 끄다)

③ 가 : 건강이 나빠졌어요.
　나 : 그러면 .... 어야/아야/여야 합니다. (담배를 끊다)

④ 가 : 해외 여행을 하고 싶어요.
　나 : 그러면 .... 어야/아야/여야 합니다. (여권을 만들다)

⑤ 가 : 도서관에서 책을 빌리고 싶어요.
　나 : 그러면 .... 어야/아야/여야 합니다. (학생증이 있다)

⑥ 가 : 요즘 인기 있는 영화를 보고 싶어요.
　나 : 그러면 .... 어야/아야/여야 합니다. (예매하다)

4. 다음 그림의 사람들은 어떤 사람이어야 합니까? 문장을 만드십시오.

❶ 비행기 조종사는 눈이 좋아야 ~~어야/아야/여야~~ 합니다.

❷ 외교관은 .... 어야/아야/여야 합니다.

❸ 가수는 .... 어야/아야/여야 합니다.

❹ ....

❺ ....

❻ ....

AVst어/아/여 보다[1]

5. 아야코 씨가 제주도 여행을 가서 쓴 메모를 보고 문장을 만드십시오.

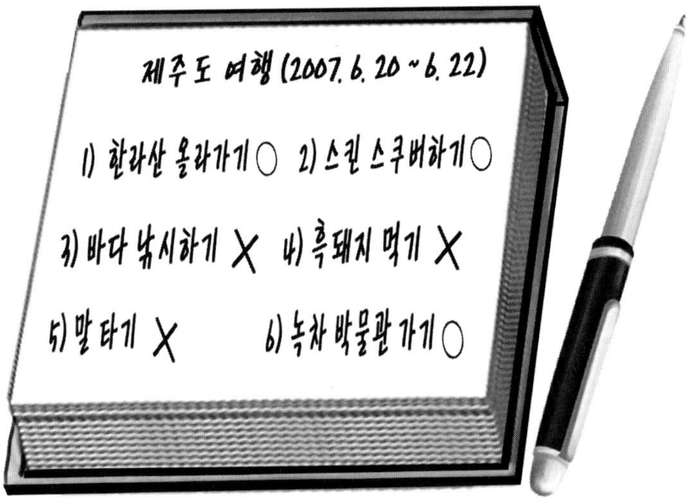

❶ 한라산에 올라가 ~~어/아/여~~ 봤어요.

❷ .... 어/아/여 봤어요.

❸ .... 어/아/여 보지 못했어요.

❹ ....

❺ ....

❻ ....

6. 다음 표를 보고 '어/아/여 보다'를 사용해서 대화를 완성하십시오.

질문	대답
❶ 가 본 도시	춘천, 부산, 경주
❷ 먹어 본 음식	불고기, 잡채, 설렁탕
❸ 불러 본 노래	아리랑, 사랑해
❹ 만들어 본 음식	김치찌개, 김밥, 된장찌개
❺ 만나 본 유명한 사람	한국 대통령, 한국 축구선수
❻ 해 본 운동	탁구, 테니스, 골프

❶ 가 : 춘천에 가 봤어요 ?

나 : 네, 춘천에 가 봤어요 .

❷ 가 : .... ?

나 : 네, ...

❸ 가 : .... ?

나 : 아니요, ...

❹ 가 : .... ?

나 : ....

❺ 가 : .... ?

나 : ....

❻ 가 : .... ?

나 : ....

2과 2항

어휘

1. 다음 [보기]에서 알맞은 단어를 골라 (   ) 안에 쓰십시오.

[보기]	채소	고기	닭	갈비	유명하다

❶ 한국음식 중에서 김치하고 (   )을/를 제일 좋아해요.

❷ 비빔밥에는 여러 가지 (   )이/가 들어 있어서 건강에 좋을 것 같아요.

❸ 엔리 씨 고향은 무슨 음식이 (   )어요/아요/여요?

❹ 한국에서 (   ) 한 근은 600g이에요.

❺ 삼계탕은 (   )에 인삼, 대추 등을 넣고 끓인 음식 입니다.

2. 다음 [보기]에서 생각나는 음식 이름을 골라 쓰십시오. 여러 개를 써도 괜찮습니다.

[보기]	샐러드	비빔밥	스파게티	탕수육	우동	잡채
	피자	짬뽕	김치찌개	순두부찌개	튀김	회

❶ 추운 날에 먹고 싶은 음식 : ....

❷ 아직 먹어 본 적이 없는 음식 : ....

❸ 남자(여자)친구와 데이트 할 때 먹고 싶은 음식 : ....

❹ 배가 별로 고프지 않을 때 먹으면 좋은 음식 : ....

❺ 반 친구들과 모두 같이 먹으면 좋은 음식 : ....

문법

AVst 는데, DVst은데/ㄴ데[2]

3. 관계있는 것을 연결하고 문장을 만드십시오.

❶ 이 사과는 3개에 천 원입니다. •	• 재미있고 친절하세요.
❷ 저 분은 우리 읽기 선생님이에요. •	• 커피도 맛있고 값도 싸요.
❸ 제 고향은 삿포로입니다. •	• 달고 맛있습니다.
❹ 저는 그 카페에 자주 가요. •	• 단어가 어렵지 않아서 좋습니다.
❺ 이 책은 생일 선물로 받았습니다. •	• 눈이 많이 오고 라면이 유명합니다.
❻ 이 가방은 홍콩에서 샀어요. •	• 색이 예뻐서 마음에 들어요.

❶ 이 사과는 3개에 천 원인데 ~~는데,은데/ㄴ데~~ 달고 맛있습니다 .

❷ .... 는데,은데/ㄴ데 ....

❸ .... 는데,은데/ㄴ데 ....

❹ ....

❺ ....

❻ ....

4. 다음 [보기1]과 [보기2]에서 알맞은 것을 골라 반 친구들을 소개하십시오.

[보기1]	[보기2]	
........에서 왔다	축구를 잘 하다	인기가 많다
........이다/다 (회사원, 기자...)	열심히 공부하다	성격이 좋다
1급 때 같은 반이었다	수업시간에 이야기를 잘 하다	예쁘다
고향이 ....이다/다	술을 잘 마시다	키가 크다
........에 살다	한국 영화를 좋아하다	발음이 좋다
........씨하고 친하다	친구가 많다	지각을 한 번도 안 하다

❶ 엔 리 씨는 중국 북경에서 왔는데 예쁘고 성격이 좋아요 .

❷ .... 씨는 ....

❸ .... 씨는 ....

❹ .... 씨는 ....

❺ .... 씨는 ....

❻ .... 씨는 ....

AVst 은/ㄴ 적이 있다

5. 다음 그림을 보고 문장을 만드십시오.

❶ **유치원**

발레를 배웠습니다.

❷ **초등학교**

그림을 잘 그려서 상을 받았습니다.

❸ **중학교**

같은 반 여학생을 혼자 좋아했습니다.

❹ **고등학교**

친구들과 산으로 캠핑을 갔습니다.

❺ **대학교**

도서관에서 아르바이트를 했습니다.

❻ **한국에서**

불고기를 만들었습니다.

❶ 유치원 때 발레를 배운 ~~은/ㄴ~~ 적이 있습니다.

❷ 초등학교 때 .... 은/ㄴ 적이 있습니다.

❸ .... 은/ㄴ 적이 있습니다.

❹ ....

❺ ....

❻ ....

6. 여러분은 한국에서 어떤 경험이 있습니까? 다음 대화를 완성하십시오.

경험	네	아니요
❶ 혼자 여행했습니다.	✓	
❷ 길을 잃어버렸습니다.		
❸ 영어(일본어...)를 가르쳤습니다.		
❹ 한국친구 집에 갔습니다.		
❺ 버스를 잘못 탔습니다.		
❻		

❶ 가 : 혼자 여행한 적이 있습니까?
나 : 네, 혼자 여행한 적이 있습니다.

❷ 가 : ....?
나 : ....

❸ 가 : ....?
나 : ....

❹ 가 : ....?
나 : ....

❺ 가 : ....?
나 : ....

❻ 가 : ....?
나 : ....

2과 3항

어휘

1. 다음 [보기]에서 알맞은 단어를 골라 (   ) 안에 쓰십시오.

[보기] 간 우선 끓이다 썰다 맞추다

❶ 한국음식은 보통 소금으로 (간)을/를 맞춰요.
❷ 한복은 시장에서 살 수도 있지만 (   )는,은/ㄴ 사람이 더 많아요.
❸ 밥이 없으면 라면을 (   )어/아/여 주세요.
❹ 양파를 (   )으면/면 눈물이 나요.
❺ (   ) 영화표를 산 후에 저녁을 먹는 게 어때요?

2. 다음 [보기]에서 그림의 음식을 만들 때 사용하는 동사를 골라 쓰십시오.

[보기] 굽다 튀기다 삶다 볶다 찌다

❶

삶다

❷

....

❸

....

❹

....

❺

....

문법

DVst게

3. 다음 [보기]에서 알맞은 단어를 골라 문장을 완성하십시오.

[보기] 쉽다 짜다 행복하다 늦다 재미있다 크다

① 우리 선생님은 어려운 문법을 쉽 게 설명해 주세요.
② 너무 .... 게 먹으면 건강에 좋지 않아요.
③ 결혼을 축하합니다. .... 게 사세요.
④ 중요한 약속이니까 .... 가면 안 돼요.
⑤ 잘 안 들려요. .... 말씀해 주세요.
⑥ 오랜만에 고등학교 때 친구들을 만나서 .... 놀았어요.

4. 다음 [보기]에서 알맞은 단어를 골라 '–게'를 사용해서 대화를 완성하십시오.

[보기] 싸다 가볍다 빨갛다 예쁘다 밝다 작다

주 인 : 어서오세요.
손 님 : 디카 좀 보여주세요. 싸고 좋은 게 있나요?
주 인 : 네, 요즘 인기 있는 연세전자 디카를 이번 달만 20% ① 싸게 팔고 있어요. 이 디카는 어두운 곳에서 찍은 사진도 좀 더 ② .... 할 수 있고, 사진을 스티커 사진처럼 여러 가지 모양으로 ③ .... 만들 수 있어요.
그리고 크기를 ④ .... 만들어서 여자 분들이 핸드백 속에 넣어 가지고 다닐 수 있어요.
손 님 : 무겁지 않을까요?
주 인 : 이전 모델보다 30g ⑤ .... 나왔어요.
손 님 : 이 버튼은 뭐예요?
주 인 : 이걸 누르면 플래시를 사용할 때 눈이 ⑥ .... 되지 않아요. 누구든지 쉽게 사용할 수 있어요
손 님 : 그럼, 이것으로 하겠습니다.

N 부터

5. 다음 질문에 대답하십시오.

❶ 가 : 누가 먼저 하시겠습니까?

나 : ______저______ 부터 ______하겠습니다______.

❷ 가 : 아침에 일어나면 제일 먼저 뭘 하세요?

나 : ____________ 부터 ____________.

❸ 가 : 시험지를 받으면 제일 먼저 뭘 하세요?

나 : ____________ 부터 ____________.

❹ 가 : 컴퓨터를 켜면 뭐부터 하세요?

나 : ________________________.

❺ 가 : 라면을 먹고 싶은데요.

나 : 그럼, ________________________.

❻ 가 : 내년에는 꼭 결혼할 거예요.

나 : 그럼, ________________________.

6. 알맞은 것을 골라 질문에 대답하십시오.

❶ 라면을 먹을 때 뭐부터 드세요?

면	국물	계란

저는 국물부터 먼저 먹어요.

❷ 백화점에서 쇼핑할 때 어디부터 구경하세요?

1층	지하	제일 위층

.

❸ 청소할 때 어디부터 하세요?

화장실	방	부엌

.

❹ 부모님이 서울에 오시면 어디부터 모시고 가겠습니까?

경복궁	명동	남대문 시장

.

❺ 옷을 살 때 뭐부터 보세요?

색깔	가격	디자인

.

❻ 처음 만났을 때 뭐부터 물어보세요?

이름	나이	직업

.

2과 4항

어휘

1. 다음 [보기]에서 알맞은 단어를 골라 (　　) 안에 쓰십시오.

[보기] 예절　　웟사람　　양손　　들다　　내려놓다

❶ 질문이 있는 사람은 손을 (드세요)~~으세요/세요~~.

❷ 양식을 먹을 때는 (　　　)을/를 다 사용합니다.

❸ (　　　) 앞에서는 담배를 피우면 안 돼요.

❹ 수업시간에 핸드폰을 끄는 것은 학생들이 지켜야 할 (　　　)입니다.

❺ 무거울 것 같으니까 잠깐 짐을 (　　　)으세요/세요.

2. 다음 [보기]에서 알맞은 단어를 골라 이야기를 완성하십시오.

[보기] 밥그릇　　반찬　　숟가락　　접시　　젓가락

음식이 다 준비되면 어떻게 상을 차릴까요?

우선 먹는 사람 앞에 밥과 국을 놓는데 ❶ (밥그릇)이/가 왼쪽, 국그릇이 오른 쪽입니다. 여러 사람이 같이 먹을 때는 덜어 먹는 ❷ (　　　)이/가 있어요. 다 같이 먹는 찌개는 가운데에 놓고, 김치와 여러 가지 ❸ (　　　)들은 그 주변에 놓습니다. 수저는 어떨까요? 상의 오른쪽, 그러니까 국그릇 옆에 놓는데 ❹ (　　　)이/가 왼쪽, ❺ (　　　)이/가 오른쪽입니다.

이제 아셨죠?

문법

Vst 어도/아도/여도 되다

3. 어떻게 말하면 좋을까요? 다음 문장을 완성하십시오.

❶ 수업시간인데 배가 아픕니다.

선생님, 화장실에 가도 ~~어도/아도/여도~~ 돼요? (화장실에 가다)

❷ 한국친구와 이야기하는데 단어가 생각나지 않습니다.

민수 씨, ... 어도/아도/여도 돼요? (영어로 이야기하다)

❸ 버스를 타고 가는데 좀 덥습니다.

아주머니, ... 어도/아도/여도 돼요? (창문을 열다)

❹ 배가 고픈데 식탁에 피자가 있습니다.

엄마, ... ? (이거 먹다)

❺ 칠판이 안 보여요.

선생님, ... ? (자리를 바꾸다)

❻ 숙제를 집에 놓고 왔습니다.

선생님, ... ? (내일 가지고 오다)

Vst으면/면 안 되다

4. 다음 그림을 보고 [보기]에서 적당한 것을 골라 문장을 만드십시오.

[보기]	담배를 피우다	들어오다	기대다
	손을 대다	사진을 찍다	쓰레기를 버리다

❶

담배를 피우면 ~~으면/면~~ 안 돼요.

❷

.... 으면/면 안 돼요.

❸

.... 으면/면 안 돼요.

❹

....

❺

....

❻

....

5. 다음 대화를 완성하십시오.

❶ 가 : 여기 앉아도 돼요?

나 : 네, 앉아도 돼요 .

❷ 가 : 신발을 신고 들어가도 돼요?

나 : 아니요, ______.

❸ 가 : ______?

나 : 그럼요, 입어 보세요.

❹ 가 : ______?

나 : 네, 급하시면 먼저 가세요.

❺ 가 : ______?

나 : 안 돼요. 오늘까지예요.

❻ 가 : ______?

나 : 시험 볼 때는 안 돼요.

6. 여러분 나라의 고등학교에서 해도 되는 것 3가지와 하면 안 되는 것 3가지를 골라 문장을 만드십시오.

수업 시간에 모자를 쓰다	화장하다
교실에 신발을 신고 들어가다	파마를 하다
수업 시간에 껌을 씹다	귀걸이를 하다
수업 시간에 음료수를 마시다	머리를 길게 기르다
학교에서 담배를 피우다	짧은 반바지나 치마를 입다

❶ 파마를 해도 ~~어도/아도/여도~~ 돼요.

❷ ______.

❸ ______.

❹ ______ 으면/면 안 돼요.

❺ ______.

❻ ______.

YONSEI KOREAN WORKBOOK 2

2과 5항

어휘와 문법

1. 다음 [보기]에서 알맞은 단어를 골라 (　　　) 안에 쓰십시오.

[보기]	채소	양손	반찬	간	깍두기
	그릇	윗사람	우선	맞추다	유명하다

❶ 무로 만든 김치 이름이 (깍두기예요)~~이에요/예요~~.

❷ 눈이 나빠져서 안경을 다시 (　　　　　)었어요/았어요/였어요.

❸ 다 먹은 후에 빈 (　　　　　)은/는 부엌에 갖다 놓으세요.

❹ 이 식당이 서울에서 냉면으로 가장 (　　　　　)는,은/ㄴ 집입니다.

❺ 건강에는 고기보다 (　　　　　)이/가 더 좋지요.

❻ 맛을 잘 모르겠어요. 이 국 (　　　　　) 좀 봐 주세요 .

❼ 한정식은 (　　　　　)이/가 너무 많이 나와서 다 먹기가 힘들어요.

❽ 피곤할 때는 (　　　　　)을/를 위로 높이 올려 보세요.

❾ 해외여행을 하고 싶으면 (　　　　　) 여권부터 만드세요.

❿ (　　　　　)에게 반말을 하면 안 돼요.

2. <u>관계없는</u> 단어를 고르십시오.

❶	말다	비비다	볶다	찍다
❷	소금	고기	간장	설탕
❸	반찬	그릇	접시	냄비
❹	비빔밥	잡채	김치찌개	탕수육
❺	떨다	튀기다	삶다	굽다

3. 다음 질문에 대답하십시오.

❶ 가 : 어느 나라에 가 봤어요?

나 : ……영국에 가…… ~~어/아/여~~ 봤어요.

❷ 가 : 막걸리를 마셔 봤어요?

나 : 아니요, ………………………………………… .

❸ 가 : 한국말을 빨리 잘 하고 싶어요.

나 : 그럼, ………………………… 어야/아야/여야 해요.

❹ 가 : 이 전자 사전은 어디에서 샀어요?

나 : ……………… 는데,은데/ㄴ데 ……………… .

❺ 가 : 한국말을 잘 못해서 실수한 적이 있어요?

나 : 네, ………………………………………… .

❻ 가 : 김밥을 만들어 본 적이 있어요?

나 : 아니요, ………………………………………… .

❼ 가 : 지난 주말을 어떻게 지내셨어요?

나 : ……………… 게 ……………… .

❽ 가 : 고향에 돌아가면 제일 먼저 뭘 하고 싶어요?

나 : ……………… 부터 ……………… .

❾ 가 : 1층에 있는 컴퓨터를 써도 돼요?

나 : 네, ………………………………………… .

❿ 가 : 집에 늦게 들어가도 돼요?

나 : 아니요, ………………………………………… .

4. 맞는 문장은 ○, 틀린 문장은 X 하고 틀린 곳을 바르게 고치십시오.

❶ 저는 아직 남대문시장에 못 가 봤어요. (○)

❷ 저는 한국 영화를 봤는 적이 있어요. (×)
본

❸ 교실에서 담배를 피워도 안 돼요. (   )

❹ 저는 기숙사에서 살은 적이 없어요. (   )

❺ 천천히 출발해도 괜찮아요. (   )

❻ 파를 그렇게 크게 썰으면 안 돼요. (   )

❼ 옌리 씨는 중국에서 온 데 영어를 아주 잘 해요. (   )

❽ 오늘까지 이 일을 끝내야 돼요. (   )

듣기 연습

CD: 02

5. 대화를 듣고 질문에 대답하십시오.

1) 두 사람은 지금 어디에 있습니까? (   )

❶ 일식집 ❷ 중국식당 ❸ 한식집 ❹ 양식집

2) 삼계탕에 <u>들어가지 않는</u> 재료는 무엇입니까? (   )

❶ 인삼 ❷ 배추 ❸ 찹쌀 ❹ 마늘

3) 삼계탕을 만들 때 사용하는 요리 방법은 무엇입니까? (   )

❶ 튀기기 ❷ 굽기 ❸ 찌기 ❹ 끓이기

4) 맞으면 ○, 틀리면 X 하십시오.

❶ 남자는 삼계탕을 먹은 적은 있지만 만든 적은 없습니다. (   )
❷ 삼계탕은 시원한 음식이기 때문에 여름에 먹으면 좋습니다. (   )
❸ 삼계탕이 싱거우면 소금을 넣으면 됩니다. (   )

읽기 연습

6. 다음 글을 읽고 질문에 답하십시오.

지난 주말에 한국에 와서 처음으로 한국음식을 만들어 봤습니다. 요리책에는 어려운 단어가 너무 많았습니다. 그래서 사전을 찾아서 읽어 본 후에 시장에 가서 필요한 재료들을 샀습니다. 간장, 설탕, 참기름, 마늘은 집에 있으니까 소고기, 양파, 파, 버섯만 샀습니다. 집에 돌아와서 우선 재료부터 깨끗하게 씻었습니다. 그 다음에 양파, 버섯, 파를 크게 썰고 마늘을 다졌습니다. 큰 그릇에 준비한 재료와 소고기, 간장, 설탕, 참기름을 넣고 잘 섞었습니다. 그리고 프라이팬에 구웠습니다.

맛이 어땠을까요? 식당에서 먹어 본 그 맛은 아니었지만 제가 처음 만든 한국음식이어서 저는 더 맛있는 것 같았습니다. 학교에 가서 한국친구에게 이 이야기를 했는데 친구가 "다음에는 배를 넣어 보세요."라고 했습니다. 다음에는 더 맛있게 만들어서 친구들하고 같이 먹겠습니다.

1) 이 사람이 만든 음식의 이름은 무엇일까요? (　　　　)

❶ 삼겹살　❷ 갈비탕　❸ 불고기　❹ 소고기국

2) 이 사람이 요리한 순서대로 번호를 쓰십시오.

섞기 – 썰기 – 굽기 – 씻기 – 다지기
(　　) (　　) (　　) (　　) (　　)

3) 맞으면 ○, 틀리면 X 하십시오.

❶ 이 사람이 만든 음식은 한국에 와서 처음 먹어 본 음식입니다. (　　)
❷ 다음에 만들 때는 배를 넣어서 만들겠습니다. (　　)
❸ 어려운 단어를 친구가 설명해 주었습니다. (　　)

말하기 연습

7. 메뉴판을 보고 [보기]와 같이 대화를 만드십시오.

생갈비(200g)	15,000
돼지갈비(200g)	10,000
삼겹살(200g)	8,000
냉면(물, 비빔)	5,000
공기밥	1,000
음료수	1,000

자장면	3,500
짬뽕	4,000
볶음밥	4,500
군만두	3,000
물만두	3,000
탕수육	12,000

콤비네이션 피자	15,000
불고기 피자	17,000
치즈 피자	16,000
샐러드	5,000
스파게티	7,000
음료수	2,000

[보기]

(가) 아야코 : 민수 씨, 이 식당에 와 본 적이 있어요?
민수 : 네, 몇 번 와 봤어요.
아야코 : 이 집은 무슨 음식을 잘 해요?
민수 : 돼지갈비도 맛있고 삼겹살도 괜찮아요.
아야코 : 그럼, 오늘은 삼겹살을 먹어 볼까요?
민수 : 좋아요. 아저씨, 여기요!

(나) 주인 : 주문하시겠습니까?
민수 : 삼겹살 2인분하고 공기밥 하나 주세요. 아, 콜라도 1병 주세요.
주인 : 알겠습니다. 잠깐만 기다리세요.
(…………)
주인 : 맛있게 드셨습니까? 삼겹살 2인분하고 공기밥 하나, 17,000원 입니다. 콜라는 서비스입니다.
민수 : 감사합니다. 그런데 카드도 돼요?
주인 : 그럼요. 여기 서명해 주세요. 감사합니다. 안녕히 가십시오.

8. 배운 문법을 사용하여 친구에게 질문하고 대답하십시오.

질문	대답
1) 한식집에 가 본 적이 있어요?	
2) 거기에서 무슨 음식을 먹어 봤어요?	
3) .... 은/는 어떤 음식이에요? (-는데)	
4) 집에서도 쉽게 만들 수 있어요?	
5) 한국에서 윗사람과 술을 마신 적이 있어요?	
6) 한국에서는 윗사람과 술을 같이 마셔도 돼요?	
7) 술을 받을 때 한 손으로 술잔을 들어도 돼요?	
8) 그럼, 어떻게 마셔야 해요?	
9) .... 씨 나라에서도 그렇게 해야 해요?	

쉼터 1 - 재미있는 문장 읽기

비슷한 발음의 단어들로 만든 문장입니다. 여러 번 읽으면서 발음해 보세요.

- 간장공장 공장장은 강공장장이고 된장공장 공장장은 장공장장이다.
- 내가 그린 기린 그림은 긴 그린 기린 그림이고 네가 그린 기린 그림은 안 긴 그린 기린 그림이다.
- 경찰청 쇠창살 외 철창살, 검찰청 쇠창살 쌍 철창살
- 들의 콩깍지는 깐 콩깍지인가 안 깐 콩깍지인가?
- 앞뜰에 있는 말뚝이 말 맨 말뚝이냐 말 안 맨 말뚝이냐?
- 저기 계신 저 분이 박 법학 박사이시고, 여기 계신 이 분이 백 법학 박사이시다.

제 3 과 시장

3과 1항

어휘

1. 다음 [보기]에서 알맞은 단어를 골라 (   ) 안에 쓰십시오.

[보기] 행사 벌 정장 도와드리다 고르다

❶ 어제 동대문 시장에 가서 바지를 두 (벌   ) 샀어요.
❷ 어려운 일이 있으면 제가 언제든지 (   )겠습니다.
❸ 추석 때는 경복궁에서 여러 가지 (   )을/를 하니까 가보세요.
❹ 결혼식에 갈 때는 (   )을/를 입어야 합니다.
❺ 세일 때는 물건이 너무 많아서 (   )기가 어렵습니다.

2. 다음은 백화점 안내입니다. 층마다 파는 물건을 [보기]에서 골라 쓰십시오.

[보기] 지갑 빵 치마 채소 화장품 생선 바지정장 수영복
목걸이 양복 스키장갑 와이셔츠 블라우스 넥타이 등산화

B1 식품	❶ 빵, ________, ________
F1 패션 잡화	❷ ________, ________, ________
F2 여성복	❸ ________, ________, ________
F3 남성복	❹ ________, ________, ________
F4 스포츠용품	❺ ________, ________, ________

문법

AVst을까/ㄹ까 하다

3. 다음 대화를 완성하십시오.

❶ 가 : 집이 학교에서 멀지요?

나 : 네, 그래서 이사할까 ~~을까/ㄹ까~~ 합니다.

❷ 가 : 옌리 씨 생일 선물로 뭘 살 거예요?

나 : 옌리 씨가 책을 좋아해서 ____________ 을까/ㄹ까 합니다.

❸ 가 : 다음 학기에도 공부하시지요?

나 : 아니요, ____________ 을까/ㄹ까 합니다.

❹ 가 : 요즘 컴퓨터를 아주 싸게 팔아요.

나 : 네, 그래서 ____________ .

❺ 가 : 오늘 지선 씨 집에 갈 거예요?

나 : 아니요, 오늘은 좀 바빠서 ____________ .

❻ 가 : 언제 결혼하세요?

나 : ____________ .

4. '-을까/ㄹ까 하다'를 사용해서 다음 이야기를 완성하십시오.

제 친구가 이탈리아에 살고 있습니다. 그래서 이번 방학에는 이탈리아에 ❶ 갈까 합니다. 호텔은 비싸니까 친구집에서 ❷ ______________. 이탈리아 옷이 멋있고 질이 좋으니까 ❸ ______________. 또, 이탈리아 음식이 유명하니까 식당에서 ❹ ______________. 그리고, 이탈리아 와인도 ❺ ______________. 참, 친구 집 근처에 바다가 있으니까 바다에 가서 ❻ ______________.

Vst기는 하지만

5. 관계있는 것을 연결하고 문장을 만드십시오.

❶ 그 영화가 재미있습니다. •	• 춤을 잘 춥니다.
❷ 그 식당 음식이 비쌉니다. •	• 너무 깁니다.
❸ 그 가수가 노래를 잘 못 부릅니다. •	• 아주 맛있습니다.
❹ 그 사람을 압니다. •	• 돈을 많이 썼습니다.
❺ 피아노를 배웠습니다. •	• 친하지 않습니다.
❻ 여행을 가서 구경을 잘 했습니다. •	• 잘 치지 못합니다.

❶ 그 영화가 재미있 기는 하지만 너무 깁니다 .

❷ ______________ 기는 하지만 ______________.

❸ ______________ 기는 하지만 ______________.

❹ ______________.

❺ ______________.

❻ ______________.

6. 다음 그림을 보고 '-기는 하지만'을 사용해서 대화를 완성하십시오.

❶

가 : 닭갈비가 맵지요?

나 : 맵기는 하지만 맛있어요 .

❷

가 : 그 회사 일이 힘들지요?

나 : ________________.

❸

가 : 한국 뉴스를 듣습니까?

나 : ________________.

❹

가 : 그 식당에 주차장이 있어요?

나 : ________________.

❺

가 : 저 가수가 예쁘지요?

나 : ________________.

❻

가 : 이 가방이 어때요?

나 : ________________.

3과 2항

어휘

1. 다음 [보기]에서 알맞은 단어를 골라 (　　　) 안에 쓰십시오.

[보기] 하늘색　　치수　　어울리다　　하얗다　　갈아입다

❶ 여름에는 노란색, 흰색, (　하늘색　) 같은 밝은색 옷을 많이 입어요.

❷ 마이클 씨는 키가 커서 제일 큰 (　　　　)을/를 입을 거예요.

❸ 청바지에는 티셔츠가 잘 (　　　　)습니다/ㅂ니다.

❹ 밤에 잘 때는 잠옷으로 (　　　　)어요/아요/여요.

❺ 눈이 와서 산도 집도 모두 (　　　　)어요/아요/여요.

2. 얼굴과 몸과 다리를 연결하십시오.

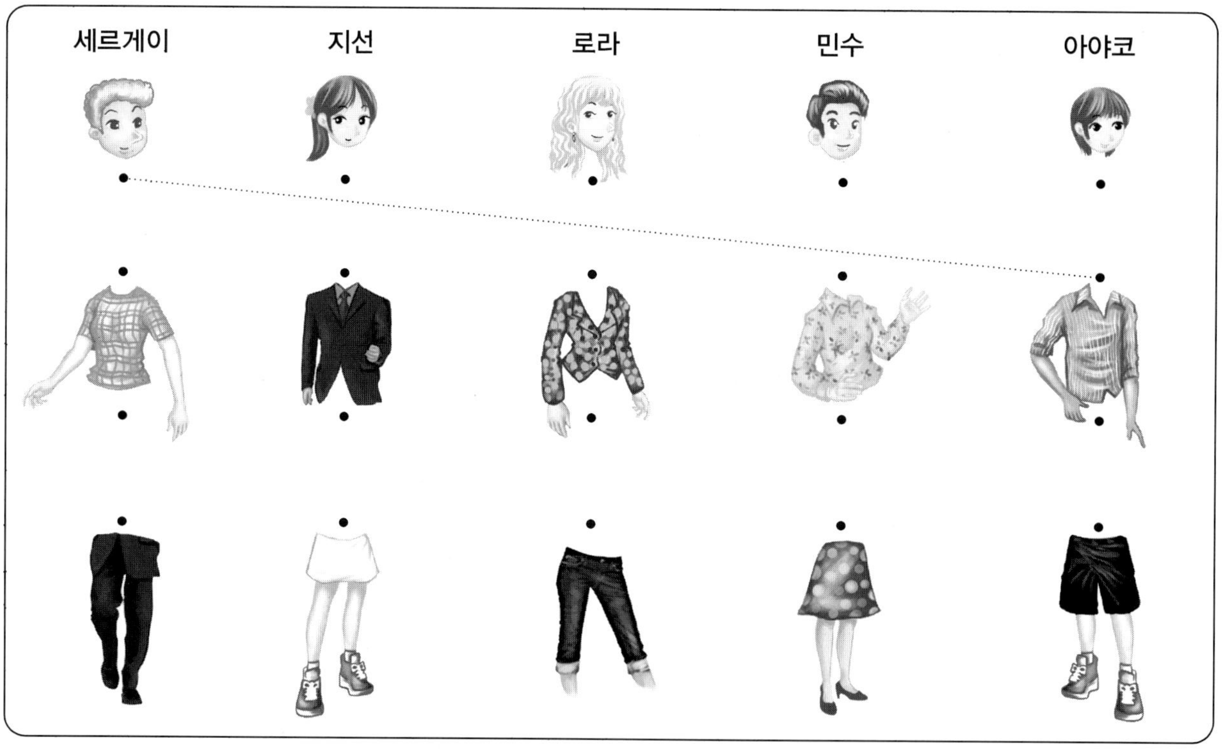

❶ 세르게이 씨는 줄무늬 셔츠와 까만색 반바지를 입고 있어요.

❷ 지선 씨는 체크무늬 티셔츠에 하얀 치마를 입고 있어요.

❸ 로라 씨는 물방울무늬 정장을 입고 있어요.

❹ 민수 씨는 까만 색 양복을 입고 있어요.

❺ 아야코 씨는 꽃무늬 셔츠에 청바지를 입고 있어요.

문법

AVst 어/아/여 보다[2]

3. 다음 대화를 완성하십시오.

❶ 가 : 그 김치찌개는 아주 매울 것 같아요.

나 : 아니요, 안 매워요. 한 번 ____잡숴____ ~~어/아/여~~ 보세요.

❷ 가 : 이 의자 얼마예요?

나 : 5만 원인데, 아주 편해요. 한 번 ________ 어/아/여 보세요.

❸ 가 : 저쪽에 있는 치마 좀 보여 주세요.

나 : 네, 아주 잘 어울릴 것 같은데요. 한 번 ________ 어/아/여 보세요.

❹ 가 : 그 책 재미있어요?

나 : 네, 저는 아주 재미있게 읽었어요. 한 번 ________.

❺ 가 : 선생님 말이 너무 빨라서 듣기가 힘들어요.

나 : 그럼 조금 천천히 할게요. 다시 한 번 ________.

❻ 가 : 이거 새로 나온 와인이에요?

나 : 네, 이번 달에 새로 나왔어요. 한 번 ________.

4. 다음 그림을 보고 '-어/아/여 보다'를 사용해서 대화를 완성하십시오.

가 : 어, 이 까페 처음 보는데요.

나 : 까페 이름이 재미있군요.
우리 한 번 ❶ ______들어가 볼까요______?

가 : 그래요.

가 : '아이스 인삼'을 마셔 봤어요?

나 : 아니요, 마신 일이 없어요.
점원에게 ❷ ____________을까요/ㄹ까요?

가 : 네, 그럽시다.

나 : '아이스 인삼'이 뭐예요?

점원 : 찬 인삼차인데, 손님들이 좋아하십니다.
한 번 ❸ ____________으세요/세요.

나 : 그럼 아이스인삼 둘 주세요.

가 : 이거... 생일 축하해요.

나 : 어, 제 생일을 알고 있었어요? 정말 고맙습니다.
와, 아주 멋있는 모자군요.

가 : 마음에 들어요? 한 번 ❹ ____________으세요/세요.

가 : 여기 카드도 있어요.

나 : 고마워요. 이거 지금 ❺ ____________
어도/아도/여도 돼요?

가 : 네, 읽어 보세요.

나 : 참, 어제 CD를 하나 샀는데 노래가 괜찮아요.

가 : 한국가수가 부른 노래예요?

나 : 네, 한 번 ❻ ____________으시겠어요/겠어요?

가 : 네, 들어 볼게요.

AVst 는데, DVst 은데/ㄴ데 ³

5. 다음 그림을 보고 문장을 완성하십시오.

❶

아픈 것 같은데 ~~는데, 은/ㄴ데~~

집에서 쉬세요 ~~으세요/세요~~.

❷

.... 는데, 은/ㄴ데

.... 읍시다/ㅂ시다.

❸

.... 는데, 은데/ㄴ데

.... 을까요/ㄹ까요?

❹

....

....

❺

....

....

❻

....

....

6. '-는데,은데/ㄴ데'를 사용해서 대화를 완성하십시오.

❶ 가 : 늦을 것 같은데 어떻게 하지요?
나 : 전화를 하세요.

❷ 가 : ____________________?
나 : 옷 가게에 가서 바꾸세요.

❸ 가 : ____________________?
나 : 된장찌개에 물을 좀 넣으세요.

❹ 가 : ____________________?
나 : 다른 식당으로 갑시다.

❺ 가 : ____________________?
나 : 편의점에서 우산을 삽시다.

❻ 가 : ____________________?
나 : 그럼, 5시 표를 삽시다.

3과 3항

어휘

1. 다음 [보기]에서 알맞은 단어를 골라 (   ) 안에 쓰십시오.

[보기] 봉투　　계산　　서명하다　　주문하다　　배달하다

① 손님, 여기에 (서명해   )~~어/아/여~~ 주세요.

② 지난 번에는 지선 씨가 점심을 사 주셨으니까 오늘은 제가 (   ) 하겠습니다.

③ 편지 (   )의 앞쪽에 보내는 사람과 받는 사람의 주소를 모두 쓰십시오.

④ 이 물건들을 직접 가지고 가실 거예요, 아니면 (   )어/아/여 드릴까요?

⑤ 이 책을 오늘 (   )으면/면 언제쯤 받을 수 있습니까?

2. 관계있는 것을 연결하십시오.

① 냉동식품 •	• 칫솔, 치약, 비누
② 유제품 •	• 만두, 피자, 아이스크림
③ 생활용품 •	• 쌀, 콩, 보리, 밀
④ 주방용품 •	• 우유, 치즈, 요구르트, 버터
⑤ 곡물 •	• 냄비, 프라이팬

문법

N 으로/로

3. 다음 그림을 보고 대화를 완성하십시오.

❶

가 : 밥으로 드릴까요, 빵으로 드릴까요?

나 : ______밥______ 으로/로 주세요.

❷

가 : 어떤 자리로 드릴까요?

나 : ____________ 으로/로 주세요.

❸

가 : 무슨 냉면을 드시겠습니까?

나 : ____________ 으로/로 주세요.

❹

가 : 후식은 뭘로 드릴까요?

나 : ____________________.

❺

	남자의 왕
제1회	9 : 00
제2회	11 : 00
제3회	13 : 00
제4회	15 : 00

가 : 몇 시 표로 드릴까요?

나 : ____________________.

❻

	요 금
연세호텔	₩ 150,000
서울호텔	₩ 200,000
신촌호텔	₩ 100,000
한국호텔	₩ 190,000

가 : 호텔 예약은 어디로 하시겠습니까?

나 : ____________________.

4. 은영 씨가 결혼식장을 예약하고 있습니다. '으로/로 하다'를 사용해서 다음 대화를 완성하십시오.

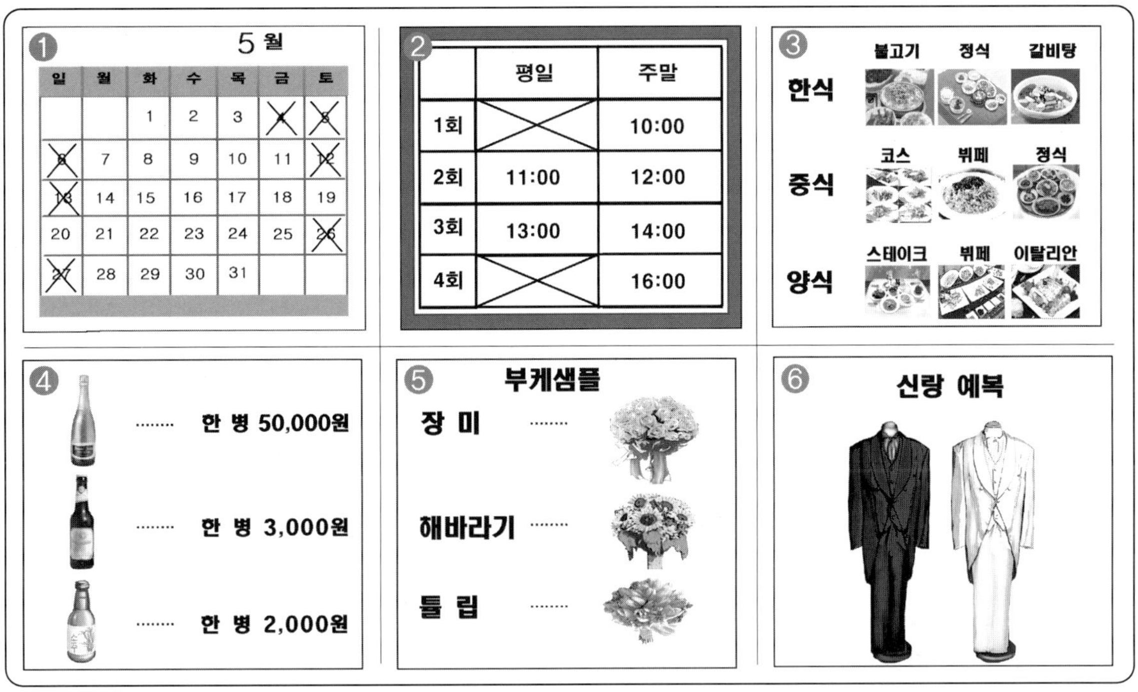

직원 : 이 표를 보고 날짜를 정하세요. 언제로 하시겠어요?

은영 : ❶ 5월 19일로 하겠습니다 .

직원 : 시간은 몇 시가 좋으시겠습니까?

은영 : ❷ ______________________ .

직원 : 식사는 어떻게 하시겠습니까? 여기 메뉴가 있습니다.

은영 : ❸ ______________________ .

직원 : 술은 뭘로 하시겠어요?

은영 : ❹ ______________________ .

직원 : 꽃은 어떤 것으로 하시겠어요?

은영 : ❺ ______________________ .

직원 : 신랑 옷도 빌려 드리는데 어떤 색으로 하시겠습니까?

은영 : ❻ ______________________ .

Vst어도/아도/여도

5. 다음 질문에 대답하십시오.

❶ 가 : 택시로 가면 2시까지 갈 수 있을까요?

나 : 아니요, 택시로 가도 ~~어도/아도/여도~~ 2시까지 갈 수 없을 거예요 .

❷ 가 : 비가 오면 축구를 안 할 거예요?

나 : 아니요, ... 어도/아도/여도 ....

❸ 가 : 큰 서점에 가면 그 책이 있을까요?

나 : 글쎄요. .... 어도/아도/여도 ....

❹ 가 : 선생님 설명을 들으니까 알겠어요?

나 : 아니요, ...

❺ 가 : 지도가 있으니까 미선 씨 집을 찾을 수 있겠지요?

나 : 글쎄요. ....

❻ 가 : 소주를 3병 마셨군요. 술을 그렇게 많이 마시면 취하지 않아요?

나 : 저는 ....

6. 다음 질문에 '-어도/아도/여도'를 사용해서 대답하십시오.

❶

가 : 늦었는데 가지 맙시다.

나 : 늦어도 가야해요.

❷

가 : 이거 너무 비싸지 않아요?

나 : ....

❸

가 : 그 식당은 음식이 맛이 없어요.

나 : ....

❹

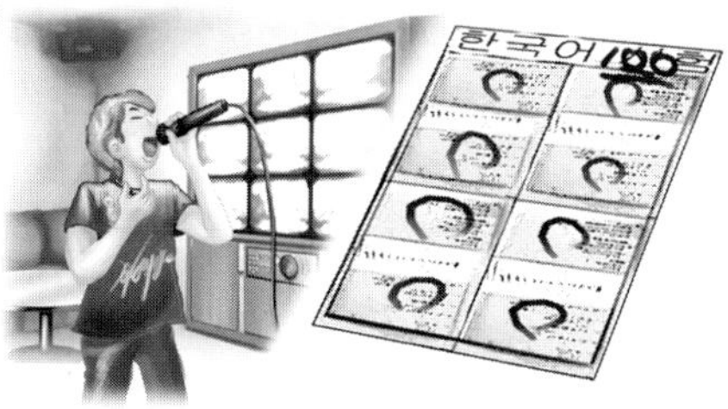

가 : 마이클 씨는 공부를 열심히 하지 않는 것 같아요.

나 : ....

❺

가 : 약을 먹으니까 좀 괜찮아졌어요?

나 : 아니요, ...

❻

가 : 일찍 자면 일찍 일어날 수 있을 거예요.

나 : 저는 ....

....

3과 4항

어휘

1. 다음 [보기]에서 알맞은 단어를 골라 (   ) 안에 쓰십시오.

[보기] 바구니 짜리 광고 마음에 들다 주소

❶ 우리 집 (주소   ) 은/는 서대문구 신촌동 134번지입니다.

❷ 10원 (   ) 동전은 다른 동전보다 조금 작아요.

❸ 물건이 (   )었지만/았지만/였지만 비싸서 못 샀어요.

❹ 어, 저 사람 어제 TV (   )에서 본 사람이에요.

❺ 과일은 (   )에 담아서 선물하면 좋아요.

2. 다음 [보기]에서 관계있는 것을 골라 [   ] 안에 쓰십시오.

[보기] 넥타이 반지 향수 현금 장갑

❶ 야구, 겨울, 끼다	장갑
❷ 화장품, 냄새, 뿌리다	
❸ 와이셔츠, 무늬, 매다	
❹ 돈, 현금인출기(ATM), 찾다	
❺ 손가락, 결혼, 끼다	

문법

Vst으니까/니까

3. 관계 있는 것을 연결하고 문장을 만드십시오.

❶ 가까이 가 봤습니다. •	• 맛있었습니다.
❷ 먹어 봤습니다. •	• 아무도 없었어요.
❸ 집에 갔어요. •	• 빌딩이 컸습니다.
❹ 10분 쯤 걸어갔어요. •	• 아주 가벼웠습니다.
❺ 가방을 들어 봤습니다. •	• 주문한 피자가 왔어요.
❻ 30분쯤 기다렸어요. •	• 학교가 보였어요.

❶ 가까이 가 보니까 ~~으니까/니까~~ 빌딩이 컸습니다 .

❷ .... 으니까/니까 ....

❸ .... 으니까/니까 ....

❹ ....

❺ ....

❻ ....

4. 다음 그림을 보고 대화를 완성하십시오.

민수 : 아침에 비가 많이 왔지요?

지선 : 네, 버스에서 내리니까 ❶ 갑자기 비가 왔어요 .

민수 : 우산은 가지고 왔어요?

지선 : 네, 가방 안에 있었어요. 며칠 전에 백화점에서 옷을 사니까

❷ ....

민수 : 참, 어제 은영 씨가 결혼을 했지요? 결혼식이 어땠어요?

지선 : 아주 좋았어요. 은영 씨 친구들이 결혼 축하노래를 부르니까

❸ ....

민수 : 은영 씨는 예뻤어요?

지선 : 웨딩드레스를 입으니까 ❹ ....

민수 : 그런데, 어제 몇 시에 돌아오셨어요? 제가 전화하니까

❺ ....

지선 : 결혼식이 끝난 후에 또 약속이 있었어요. 집에 돌아오니까

❻ ....

Vst었으면/았으면/였으면 좋겠다

5. 다음 대화를 완성하십시오.

❶ 가 : 돈이 많으면 무엇을 사고 싶어요?

나 : 자동차를 샀으면 ~~었으면/았으면/였으면~~ 좋겠어요.

❷ 가 : 어디에 가고 싶어요?

나 : ______________ 었으면/았으면/였으면 좋겠어요.

❸ 가 : 지금 제일 보고 싶은 사람이 누구예요?

니 : ______________ 었으면/았으면/였으면 좋겠어요 .

❹ 가 : 어떤 사람을 사귀고 싶어요?

나 : ______________.

❺ 가 : 무엇을 잘 하고 싶어요?

나 : ______________.

❻ 가 : 무엇이 없으면 행복해질까요?

나 : ______________.

6. 어떤 말을 할 것 같습니까? '-었으면/았으면/였으면 좋겠다'를 사용해서 쓰십시오.

❶ 한국말을 공부하는 학생 : 한국말을 잘 했으면 좋겠어요.

❷ 초등학생 : ______________.

❸ 회사원 : ______________.

❹ 주부 : ______________.

❺ 어학당 선생님 : ______________.

❻ 나 : ______________.

3과 5항

어휘와 문법

1. 다음 [보기]에서 알맞은 단어를 골라 (　　) 안에 쓰십시오.

[보기]	행사	정장	봉투	치수	계산
	주문하다	서명하다	고르다	마음에 들다	어울리다

❶ (　계산　) 이/가 틀리면 안 되니까 영수증을 잘 보세요.

❷ 오늘 연세대학교에서 (　　　　　　)이/가 있어서 학교 안이 아주 복잡합니다.

❸ (　　　　　　)은/는 자주 안 입으니까 편한 옷을 사세요.

❹ 편지를 보낼 때 (　　　　　　)에 주소와 우편번호를 써야 합니다.

❺ 한국의 신발 (　　　　　　)이/가 미국하고 달라서 신발 사기가 힘들어요.

❻ 도장이 없을 때는 (　　　　　　)으면/면 돼요.

❼ 이 넥타이가 까만 색 양복과 잘 (　　　　　　)을/ㄹ 것 같아요.

❽ 뷔페 식당에서는 먹고 싶은 음식을 (　　　　　　)어서/아서/여서 먹을 수 있어요.

❾ 이 옷은 디자인도 괜찮고 색도 (　　　　　　)어요/아요/여요.

❿ 지금 (　　　　　　)으면/면 언제 배달이 됩니까?

2. 알맞은 단어를 쓰십시오.

			②						⑤❻		
						③					
					❹						
	❶ 식	료	품							⑩	
				⑧					❾		
		❼									

[가로 열쇠]

❶ 음식의 재료가 되는것

❹ 동그란 모양이 많이 있는 무늬

❻ 꽃을 예쁘게 싸서 묶은 것

❼ 짧은 바지

❾ 가방이나 주머니에 넣을 수 있는 작은 수건

[세로 열쇠]

② 집에서 사용하는 전기 제품

③부엌에서 쓰는 물건들

⑤ 꽃이 있는 무늬

⑧ 손가락에 끼는 것

⑩ 냄새가 좋은 화장품

3. 다음 대화를 완성하십시오.

❶ 가 : 지하철에 사람이 많지요?

나 : 사람이 많 기는 하지만 빨라서 좋아요 .

❷ 가 : 하숙집이 가까워서 편하시겠어요.

나 : ______ 기는 하지만 ______ .

❸ 가 : 어떤 색으로 드릴까요?

나 : ______ 으로/로 하겠어요.

❹ 가 : 언제까지 한국에 계실 거예요?

나 : ______ 을까/ㄹ까 합니다.

❺ 가 : 양견 씨가 왜 이렇게 안 오지요?

나 : ______ 어/아/여 볼까요?

❻ 가 : ______ 는데,은데/ㄴ데 ______ 으세요/세요.

나 : 아니에요. 조금 전에 점심을 먹어서 배가 불러요.

❼ 가 : 그렇게 머리가 아픈데 시험을 볼 수 있겠어요?

나 : ______ 어도/아도/여도 ______ .

❽ 가 : 조금 전에 드셨는데 또 드세요?

나 : ______ 어도/아도/여도 ______ .

❾ 가 : 교실에 왔을 때 학생들이 몇 명 있었어요?

나 : ______ 으니까/니까 ______ .

❿ 가 : 방학 때 뭐 하고 싶어요?

나 : ______ 었으면/았으면/였으면 좋겠어요.

4. 맞는 것에 O표 하십시오.

❶ 파티에 가니까	맛있는 음식을 많이 먹었습니다.	( )
	맛있는 음식이 많았습니다.	(◯)
❷ 가방을 여니까	지갑이 없었어요.	( )
	지갑을 찾았어요.	( )
❸ 전화를 거니까	아이가 받았어요.	( )
	빨리 받으세요.	( )
❹ 피곤한데	일찍 집에 갑니다.	( )
	일찍 집에 갑시다.	( )
❺ 바람이 많이 불기는 하지만	춥지 않아요.	( )
	비가 와요.	( )

듣기 연습

CD: 03

5. 다음을 듣고 질문에 답하십시오.

1) 무슨 광고입니까? (　　　)

❶ 초콜릿　　❷ 꽃　　❸ 꽃배달

2) 발렌타인세트를 주문하면 무엇을 받을 수 있습니까? 모두 쓰십시오.

3) 5천 원을 더 내면 무엇을 해 줍니까? 쓰십시오.

읽기 연습

6. 다음을 읽고 질문에 답하십시오.

학당 슈퍼 추석선물세트 특별 세일

생활용품세트 ○ 10개 사시면 하나 더 드립니다.	■생활용품 A세트 15,000원 	■생활용품 B세트 20,000원 	■생활용품 C세트 25,000원 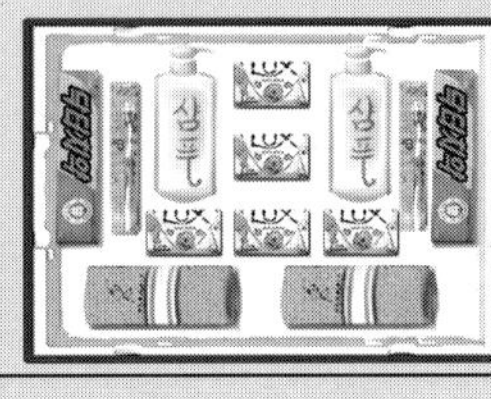
곡물세트 ○ 10개 사시면 쌀 10kg을 드립니다.	■4가지 곡물세트(2.5kg) 25,000원 	■8가지 곡물세트(4kg) 40,000원 	
김치세트 ○ B세트를 사시면 고추장 500g을 드립니다.	■김치 A세트(배추김치 4kg) 25,000원 	■김치 B세트(배추김치 5kg, 깍두기 2kg, 오이김치 2kg) 50,000원 	
과일세트 ○ 환불 및 교환할 수 없습니다.	■배세트(5kg) 50,000원 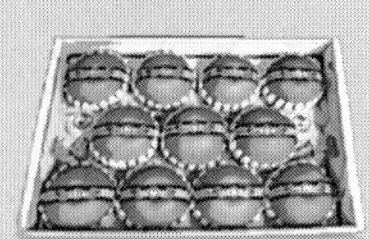	■사과세트(5kg) 50,000원 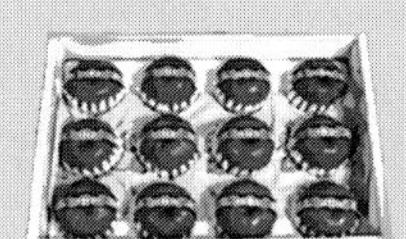	■배, 사과세트(5.5kg) 55,000원 
인삼세트 ○ 인삼세트를 사시면 인삼술 500ml를 드립니다.	■인삼세트(500g) 50,000원 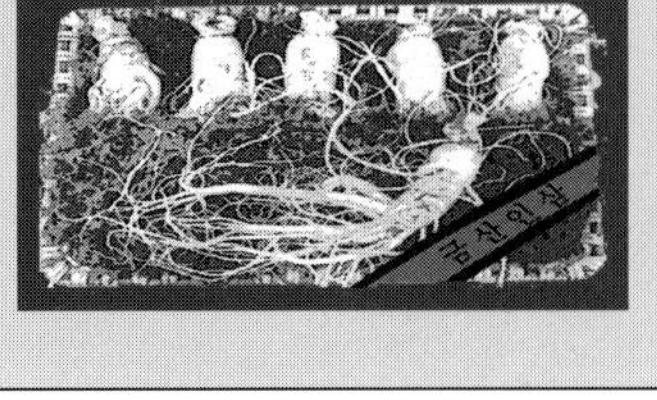	■인삼세트(1kg) 100,000원 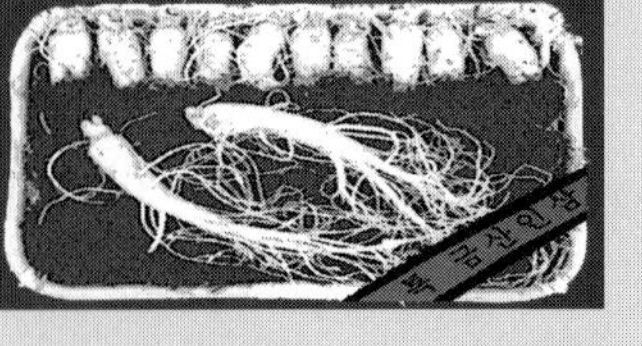	

- 직접 오시지 않고 전화와 인터넷으로도 주문하실 수 있습니다.
- 추석 전에 배달을 받고 싶으시면 9월 20일까지 주문하셔야 합니다.
- 추석날은 쉽니다.

1) 여기에서 소개하는 물건들은 어떤 물건입니까?

2) 물건을 배달 받은 후에 마음에 안 들어도 바꿀 수 없는 것은 무엇입니까?

3) 내용과 <u>다른 것</u>을 고르십시오. (　　　　)

❶ 생활용품세트 10개를 주문하면 11개를 받을 수 있습니다.

❷ 곡물세트 10개를 사면 쌀을 받을 수 있습니다.

❸ 김치 B세트를 사면 고추장을 줍니다.

❹ 인삼 A세트를 사면 인삼술을 받을 수 없습니다.

4) 내용과 같으면 O, 다르면 X표 하십시오.

❶ 주문은 전화와 인터넷으로만 할 수 있습니다. (　　　　)

❷ 이 슈퍼는 추석날 문을 닫습니다. (　　　　)

❸ 9월 20일에 주문하면 추석 전에 물건을 받을 수 있습니다. (　　　　)

말하기 연습

7. 다음 표는 신발과 옷의 치수입니다. 표를 보고 [보기]와 같이 물건을 바꾸는 상황의 대화를 만드십시오.

	신발	상의/자켓			바지/치마(허리사이즈)
치수	여자 : 225, 230, ~ 260(mm) 남자 : 250, 255, ~ 285(mm)	44 55	XS S	85 90	24, 25, 26, 27, 28,
		66 77	M L	95 100	29, 30, 31, 32
			XL XXL	105 110	34, 36, 38
색깔	까만색, 하얀색, 파란색, 빨간색, 노란색, 분홍색, 하늘색, 녹색, 밤색, 회색				
무늬	줄무늬, 체크무늬, 꽃무늬, 물방울무늬, 얼룩무늬				

여자 사이즈 / 남자 사이즈 / 남/여 사이즈

[보기] **옷가게**

점원 : 어서 오세요. 뭘 찾으세요?

손님 : 저, 지난 주말에 이 바지를 샀는데, 좀 작아요.

점원 : 그래요? 잠깐만 기다리세요. 한 치수 큰 것으로 바꿔 드리겠습니다

손님 : 한 치수 큰 게 있어요?

점원 : 제가 찾아 보겠습니다. 그 바지 치수가 어떻게 되지요?

손님 : 28이요.

점원 : 손님, 그 바지는 29가 없는데요. 같은 모양으로 까만 색은 29가 있는데, 입어 보시겠습니까?

손님 : 네, 입어 보겠어요.

점원 : 어떻습니까? 잘 맞으십니까?

손님 : 네, 편하고 색깔도 괜찮은데요. 이것으로 하겠어요.

8. 배운 문법을 사용하여 친구에게 질문하고 대답하십시오.

질문	대답
1) 이 옷을 언제 바꾸러 갈 거예요?(-을까 하다)	
2) 이 옷이 예쁜데 왜 바꾸세요?(-기는 하지만)	
3) 이 옷 백화점에서 사셨지요? 백화점은 좀 비싸지 않아요?(-어도)	
4) 어떤 옷으로 바꾸고 싶어요?(-었으면 좋겠어요.)	
5) 어제 백화점에 가니까 사람이 많았어요?	
6) 저도 옷을 사고 싶은데 어디에 가면 좋을까요?(-는데 -세요.)	
7) 그 가게에서 옷을 입어 볼 수 있어요?	
8) 저도 그 가게에 가고 싶은데 같이 갈까요? 약속 시간을 몇 시로 할까요?	

YONSEI KOREAN WORKBOOK 2

제 4 과 초대

4과 1항

어휘

1. 다음 중에서 틀린 것을 고르십시오.

1) (❷) ❶ 친구에게 우산을 선물했어요.
❷ 친구에게 우산을 선물로 했어요.
❸ 친구에게서 선물을 받았어요.
❹ 친구에게 우산을 선물로 주었어요.

2) (　　) ❶ 생일 파티를 했어요.
❷ 졸업 파티를 했어요.
❸ 휴가 파티를 했어요.
❹ 크리스마스 파티를 했어요.

3) (　　) ❶ 친구를 초대했어요.
❷ 친구에게서 초대받았어요.
❸ 생일 파티를 초대했어요.
❹ 생일 파티에 초대받았어요.

4) (　　) ❶ 약속을 잊었어요.
❷ 직업을 잊었어요.
❸ 숙제 하는 것을 잊었어요.
❹ 전화번호를 잊었어요.

5) (　　) ❶ 내일 꼭 오세요.
❷ 꼭 전화하겠습니다.
❸ 시험을 꼭 봐야 합니다.
❹ 오늘은 날씨가 꼭 좋겠습니다.

2. [보기]에서 알맞은 단어를 골라 대화를 완성하십시오.

[보기] 부르다 끄다 자르다 터뜨리다 불다

로라 : 제가 카드를 쓰겠어요.

양견 : 그럼, 저는 풍선을 ❶ 불겠어요 ~~겠어요~~.

로라 : 지선 씨, 고깔모자를 쓰세요.

양견 : 다 같이 생일축하노래를 ❷ .... 읍시다/ㅂ시다.

지선 : 촛불을 ❸ .... 을까요/ㄹ까요?

양견 : 네, 저는 폭죽을 ❹ .... 을게요/ㄹ게요.

로라 : 자, 다같이 박수를 칩시다.

지선 : 케이크를 ❺ .... 겠습니다.

양견 : 사진을 찍을게요. 웃으세요.

문법

반말[1]

3. 다음을 반말로 바꾸십시오.

N이야/야

❶ 아침에 산 김밥이에요. ➔ 아침에 산 김밥이야 .

❷ 고향에서 온 친구예요? ➔ .... ?

❸ 우리 반 학생이 아니에요. ➔ ....

❹ 도서관에서 신문을 읽을 거예요. ➔ ....

❺ 누구한테 말할 거예요? ➔ .... ?

❻ 오후에는 비가 오지 않을 거예요. ➔ ....

Vst어/아/여

❼ 제주도가 참 아름다워요. ➔ 제주도가 참 아름다워 .

❽ 제 동생은 키가 커요. ➔ ....

❾ 은행에서 돈을 찾아요. ➔ ....

❿ 오늘은 학교에 가지 않아요. ➔ ....

⓫ 어디에서 공부해요? ➔ .... ?

⓬ 한국에 온 지 얼마나 됐어요? ➔ .... ?

⓭ 같이 점심을 먹어요. ➔ ....

⓮ 같이 등산을 가요. ➔ ....

4. 다음 질문에 반말로 대답하십시오.

❶ 가 : 어디에서 살아요?
나 : 신촌에서 살아 .

❷ 가 : 주말에 뭐 해요?
나 : ....

❸ 가 : 오늘 날씨가 어때요?

나 : ______________________.

❹ 가 : 지금 몇 시예요?

나 : ______________________.

❺ 가 : 어제 뭐 했어요?

나 : ______________________.

❻ 가 : 식당에 사람이 많아요?

나 : 아니, ______________________.

❼ 가 : 그 사람이 3시까지 올까요?

나 : 응, ______________________.

❽ 가 : 시험 공부 많이 했어요?

나 : 아니, ______________________.

❾ 가 : 커피나 한 잔 할까요?

나 : 그래, ______________________.

❿ 가 : 이 옷을 살 거예요?

나 : 응, ______________________.

N 이나/나[1]

5. 어떻게 하시겠습니까? 하나를 고르고 문장을 만드십시오.

❶ 친구에게 좋은 선물을 하고 싶지만 돈이 없습니다.

☐장미 ☐카드 ☑초콜릿

초콜릿 이나/나 사 주겠습니다.

❷ 갈비를 먹고 싶지만 너무 비쌉니다.

☐샌드위치 ☐김밥 ☐라면

________ 이나/나 ________.

❸ 오후에 데이트를 하고 싶지만 다음 주에 시험이 있습니다.

☐단어복습 ☐숙제 ☐발음연습

________ 이나/나 ________.

❹ 등산을 하고 싶지만 너무 춥습니다.

☐TV ☐비디오 ☐만화책

________.

❺ 술을 마시고 싶지만 운전을 해야 합니다.

☐커피 ☐콜라 ☐주스

________.

❻ 제주도에 가고 싶지만 시간이 없습니다.

☐노래방 ☐롯데월드 ☐북한산

________.

6. '이나/나'를 사용해서 대화를 완성하십시오.

❶ 가 : 뭘 마실까요?

나 : 커피나 마십시다 .

❷ 가 : 오후에 뭘 할 거예요?

나 : .

❸ 가 : 여름방학에 어디에 갈 거예요?

나 : .

❹ 가 : 저녁에 뭐 먹을까?

나 : .

❺ 가 : 동생 졸업 선물로 뭘 사면 좋을까요?

나 : .

❻ 가 : 심심한데 뭐 재미있는 일 없어요?

나 : .

4과 2항

어휘

1. 다음 [보기]에서 알맞은 단어를 골라 (　　) 안에 쓰십시오.

[보기] 동료　　집들이　　따로　　적다　　결정하다

❶ (　집들이　) 선물로는 예쁜 커피잔 같은 것도 좋아요.

❷ 이번 토요일에 회사 (　　　　)들하고 등산을 가요.

❸ 우리 기숙사에는 욕실과 화장실이 (　　　　) 있습니다.

❹ 어머니 생일 선물로 뭘 살지 (　　　　)지 못했어요.

❺ 여기에 이름과 전화번호를 (　　　　)어/아/여 주세요.

2. 다음 [보기]에서 알맞은 단어를 골라 (　　) 안에 쓰십시오.

[보기] 거실　　베란다　　욕실　　방　　현관

마이클 씨는 아파트에서 친구 한 명과 같이 삽니다.
이 아파트에는 ❶(　방　)이/가 두 개 있습니다. 마이클 씨는 수업이 끝나고 집으로 돌아가면 ❷(　　　　)에서 신발을 벗습니다. 고향에서는 신발을 신고 들어갔지만 한국에 와서는 꼭 신발을 벗고 들어갑니다.
우선 ❸(　　　　)에서 손을 씻은 후에 점심을 먹습니다. 점심은 식탁에서 먹기도 하지만 보통 ❹(　　　　)에 있는 소파에서 먹습니다. 마이클 씨는 점심을 먹은 후에 ❺(　　　　)으로/로 나가서 담배를 피웁니다. 같이 사는 친구가 집안에서 담배 피우는 것을 싫어하기 때문입니다.

문법

반말[2]

3. 다음을 반말로 바꾸십시오.

❶ 이쪽으로 오세요. ➔ 이쪽으로 와.

❷ 숙제 좀 도와주세요. ➔ ______.

❸ 담배를 피우지 마세요. ➔ ______.

❹ 요즘 어떻게 지내셨어요? ➔ ______.

❺ 지선 씨, 할머니께서는 어디에 사세요?

➔ ______.

❻ 민수 씨, 어머니께서 청소하시는 것 좀 도와 드리세요.

➔ ______.

❼ 제가 전화 받을게요. ➔ ______.

❽ 순두부찌개가 맵군요. ➔ ______.

❾ 안녕히 가세요. ➔ ______.

❿ 안녕히 주무셨어요? ➔ ______.

⓫ 안녕히 계세요. ➔ ______.

⓬ 많이 잡수세요. ➔ ______.

⓭ 급한 일이 생기면 언제든지 말씀하세요.

➔ ______.

4. 다음 대화의 밑줄 친 부분을 반말로 바꾸십시오.

가 : ❶ 지선 씨, 생일날 케이크에 촛불을 몇 개 ❷ 꽂으셨어요?

지선아,

나 : ❸ 제 나이를 물어 ❹ 보시는 거예요? ❺ 저 스물일곱 ❻ 살이에요.

가 : 그럼 촛불도 스물일곱 개 ❼ 꽂으세요?

나 : ❽ 네. 자기 나이하고 똑같이 ❾ 하는데요.

가 : 나이는 스물일곱 살이지만 생일은 스물여섯 번째 ❿ 아니에요?

그럼 아기의 첫 번 째 생일에도 초를 두 개 ⓫ 꽂아요?

나 : ⓬ 아니요, 하나만 ⓭ 꽂아요. 첫 번째 생일에만 그렇게 ⓮ 해요.

가 : 첫 번째 생일에 하나를 꽂으면 스물여섯 번째 생일에도 스물여섯 개 꽂는 게 ⓯ 맞지 않아요?

나 : ⓰ 저도 잘 ⓱ 몰라요. 촛불이 많으면 예쁘니까 많이 꽂는 것 ⓲ 같아요.

AVst 을지/ㄹ지 AVst 을지/ㄹ지

5. 다음 그림을 보고 문장을 바꾸어 쓰십시오.

❶ 

무슨 음식을 준비할지 고민이에요.

➔ 한식을 준비할지 ~~을지/ㄹ지~~
양식을 준비할지 ~~을지/ㄹ지~~
고민이에요.

❷ 

어디에 갈지 결정하지 못했어요.

➔ .... 을지/ㄹ지
.... 을지/ㄹ지
결정하지 못했어요

❸

토요일	일요일
2	3

언제 만날지 정합시다.

➔ .... 을지/ㄹ지
.... 을지/ㄹ지
정합시다.

❹ 

무엇으로 갈지 이야기할 거예요.

➔ ....
....

❺ 

몇 급까지 공부할지 생각중이야.

➔ ....
....

❻ 

무슨 영화가 좋을지 모르겠어요.

➔ ....
....

6. '-을지/ㄹ지 -을지/ㄹ지'를 사용해서 다음 대화를 완성하십시오.

세르게이 씨가 집들이를 합니다. 민수 씨가 세르게이 씨 집에 30분 늦게 도착했습니다.

세르게이 : 민수 씨, 어서 오세요.

민수 : 늦어서 미안해요. ❶ 버스를 탈지 지하철을 탈지 결정하지 못해서 늦었어요. 많이 기다렸지요?

세르게이 : 아니에요.

민수 : 이건 집들이 선물이에요. ❷ .... 결정하기 힘들었는데, 그냥 알람시계를 샀어요. 마음에 들어요?

세르게이 : 와! 고맙습니다. 민수 씨, 어서 이쪽으로 오세요. 그런데 제가 요리를 잘 못해서 중국집에서 시켰어요. 자장면을 드시겠어요? 짬뽕을 드시겠어요?

민수 : ❸ .... 결정하지 못하겠는데요.

세르게이 : 그럼 둘 다 드세요. 술은 뭘로 드릴까요?
맥주도 있고 소주도 있어요.

민수 : 글쎄요, ❹ .... 모르겠어요.

세르게이 : 맥주를 드세요. 맥주가 시원해요.

민 수 : 그런데, 세르게이 씨는 어느 회사에 갈지 결정했어요?

세르게이 : 아니요, ❺ .... 결정하지 못했어요.
민수 씨는 영어를 배우러 어느 나라로 가실 거예요?

민수 : ❻ .... 모르겠어요.

4과 3항

어휘

1. 다음 [보기]에서 알맞은 단어를 골라 (   ) 안에 쓰십시오.

[보기]	청첩장	연세	후배	별로	서두르다

① 실례지만 (연세)이/가 어떻게 되세요?

② (   )지 않으면 2시 기차를 못 탈 것 같아요.

③ 이번에 민수 씨 동생이 우리 학교에 입학했으니까 제 (   )이/가 됐군요.

④ 한국 겨울 날씨가 생각보다 (   ) 춥지 않아요.

⑤ 한국 친구한테서 (   )을/를 받았는데 무슨 선물을 하면 좋아요?

2. 설명에 맞는 단어를 연결하고 쓰십시오.

피로연 •	• 교환하다
예물 •	• 던지다
축가 •	• 내다
부케 •	• 하다
축의금 •	• 부르다

① 결혼식이 끝나고 음식을 먹으면서 즐겁게 이야기를 합니다.
(피로연을 합니다)

② 신랑, 신부가 반지나 시계를 서로 주고받습니다.
(   )

③ 신부가 들고 있는 꽃다발을 친구에게 줍니다.
(   )

④ 결혼식을 축하하는 노래를 합니다.
(   )

⑤ 결혼식을 축하하는 마음으로 선물 대신 돈을 줍니다.
(   )

문법

반말3

3. 다음을 반말로 바꾸십시오.

N이다/다

❶ 제 고향은 제주도입니다. ➔ 내 고향은 제주도다 .

❷ 우리 아버지는 의사입니다. ➔ .

❸ 저는 한국 사람입니다. ➔ .

❹ 이것은 제 공책이 아닙니다. ➔ .

DVst다

❺ 주말에는 한가합니다. ➔ 주말에는 한가하다 .

❻ 날마다 숙제가 많습니다. ➔ .

❼ 오늘은 시간이 없습니다. ➔ .

❽ 물건 값이 별로 비싸지 않습니다. ➔ .

AVst는다/ㄴ다

❾ 연세대학교에 다닙니다. ➔ 연세대학교에 다닌다 .

❿ 매운 음식도 잘 먹습니다. ➔ .

⓫ 옆 반 친구와 같은 하숙집에 삽니다. ➔ .

⓬ 그 사람을 사랑하지 않습니다. ➔ .

Vst었다/았다/였다, Vst겠다

⑬ 공항까지 1시간 걸렸습니다. ➔ 공항까지 1시간 걸렸다 .

⑭ 교통이 복잡하지 않았습니다. ➔ ....

⑮ 부모님이 오셔서 좋겠습니다. ➔ ....

⑯ 영어로 이야기하지 않겠습니다. ➔ ....

Vst니?

⑰ 누구 교과서입니까? ➔ 누구 교과서니 ?

⑱ 남자 친구 사진입니까? ➔ .... ?

⑲ 여기가 현대백화점 아닙니까? ➔ .... ?

⑳ 그 식당 음식 맛이 어떻습니까? ➔ .... ?

㉑ 김치는 어떻게 만듭니까? ➔ .... ?

㉒ 아르바이트가 힘들지 않습니까? ➔ .... ?

㉓ 어제 누구를 만났습니까? ➔ .... ?

㉔ 무슨 노래를 부를 겁니까? ➔ .... ?

AVst어라/아라/여라

㉕ 안녕히 가십시오. ➔ 잘 가라 .

㉖ 앉아서 말씀하십시오. ➔ ....

㉗ 추우니까 창문을 닫으십시오. ➔ ....

㉘ 공부할 때 음악을 듣지 마십시오. ➔ ....

4. 다음 대화를 읽고 피터의 일기를 써 보십시오.

지선 : 오늘 뭐 할 거야?
피터 : 오늘 스티브 생일이야.
그래서 스티브 집에서 친구들과 같이 생일파티를 할거야.
지선 : 재미있겠다. 무슨 선물을 샀어?
피터 : CD를 사 가지고 가려고 해.
지선 : 그 친구가 음악을 좋아하니?
피터 : 응, 음악은 뭐든지 다 좋아해. 운동도 좋아하고.
지선 : 그래? 그럼 같이 운동도 해?
피터 : 주말에 시간 있으면 학교에서 가끔 같이 테니스를 쳐.
지선 : 오늘 집에 늦게 들어가겠구나.
피터 : 그럴 것 같아. 내일은 집에 일찍 가서 숙제도 하고 복습도 해야겠어.
지선 : 그래, 재미있게 놀고 내일 학교에서 만나자.

2007년 9월 27일 목요일 날씨 : 맑음

❶ 오늘은 스티브의 생일이었다 .
❷ 나는 CD를 사 가지고 ....
❸ 스티브는 음악도 ....
❹ 그래서 ....
❺ 오늘은 너무 ....
❻ 내일은 ....

AVst기로 하다

5. 다음 대화를 읽고 문장을 만드십시오.

아야코 : ❶ 이번 방학 때 제주도로 여행 갑시다. 어때요?
안나 : 좋은 생각이에요. 그럼 비행기 표를 빨리 예매해야겠군요.
아야코 : 그런데 비행기는 비싸지 않을까요?
안나 : 그럼, ❷ 배를 타고 갑시다. 잠은 어디에서 자는 게 좋을까요?
아야코 : ❸ 민박이 값도 싸고 한국 사람도 사귈 수 있으니까 민박을 합시다.
안나 : 2박 3일로 갈까요? 3박 4일로 갈까요?
아야코 : ❹ 구경할 게 많을 것 같으니까 3박 4일 동안 여행합시다.
안나 : 로라 씨도 같이 가면 재밌을 것 같은데요. ❺ 갈 수 있는 지 물어봅시다.
아야코 : 그래요. 그럼 ❻ 시험 끝나고 다시 만나서 계획을 더 세웁시다.

❶ 이번 방학 때 제주도로 여행 가 기로 했어요.
❷ .... 기로 했어요.
❸ .... 기로 했어요.
❹ ....
❺ ....
❻ ....

YONSEI KOREAN WORKBOOK 2

6. 새해가 되어 여러 사람들이 결심을 했습니다. '-기로 하다'를 사용해서 여러분의 결심도 써 보십시오.

❶ 

올해는 꼭 승진하기로 했어요 .

❷ 

....

❸ 

....

❹ 

....

❺ 

....

❻ 

....

4과 4항

어휘

1. 다음 [보기]에서 알맞은 단어를 골라 (   ) 안에 쓰십시오.

[보기] 음악회   뒤풀이   꽃다발   동창   기대가 되다

❶ 민수는 제 초등학교 (동창)인데 같은 회사에서 일하게 됐어요.

❷ 졸업식 날에는 (   )을/를 들고 있는 사람들을 많이 볼 수 있어요.

❸ 졸업 여행에서 돌아와서 친구들과 (   )을/를 했어요.

❹ (   )이/가 시작되기 전에 핸드폰을 꺼 주세요.

❺ 내일 처음으로 해외 여행을 가는데 (   )어서/아서/여서 잠이 안 와요.

2. 게시판이 붙어 있는 종이를 보고 [보기]에서 알맞은 것을 골라 쓰십시오.

[보기] 동창회   환영회   동아리   동호회   반상회

❶
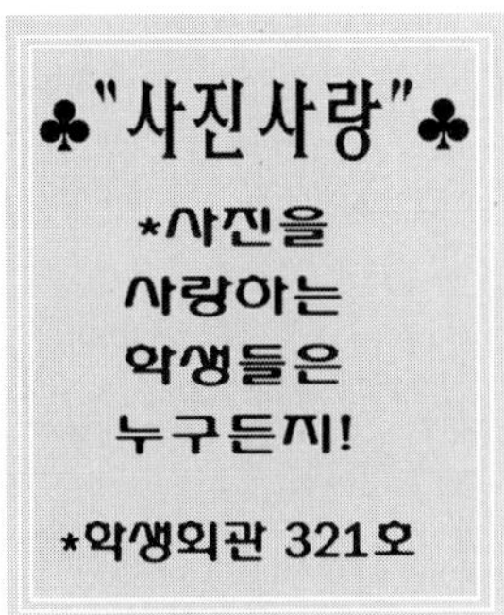

(동아리)

❷
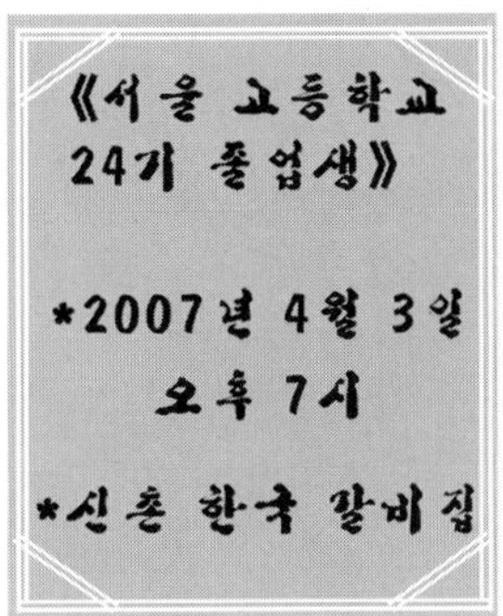

(   )

❸
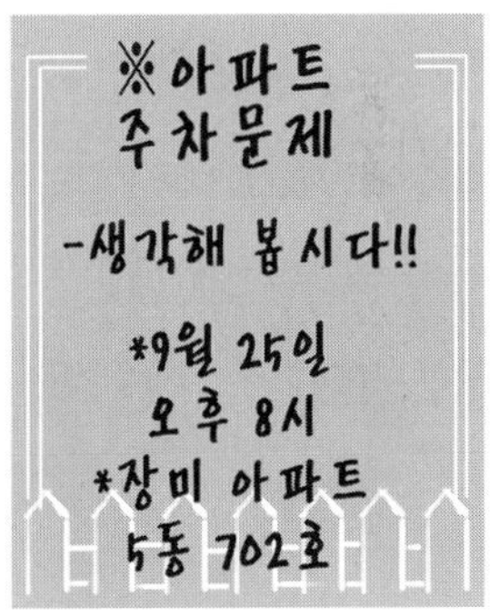

(   )

❹

(   )

❺

(   )

문법

반말[4]

3. 다음을 반말로 바꾸십시오.

AVst 자

① 내일 오후 3시쯤에 만납시다. ➔ 내일 오후 3시쯤에 만나자.

② 심심한데 DVD를 빌려 봅시다. ➔ ______.

③ 점심은 간단하게 먹읍시다. ➔ ______.

④ 날씨가 좋으니까 좀 걸읍시다. ➔ ______.

⑤ 배가 부르니까 더 시키지 맙시다. ➔ ______.

⑥ 비가 올 것 같은데 나가지 맙시다. ➔ ______.

4. '-자'를 사용해서 다음 대화를 완성하십시오.

① 가 : 시간이 별로 없는데 뭘 먹을까?
나 : 김밥이나 먹자.

② 가 : 갑자기 일이 생겨서 오늘 만날 수 없어.
나 : 그럼, ______.

③ 가 : 안나가 왜 아직 안 올까?
나 : ______.

④ 가 : 파티에 누굴 더 초대할까?
나 : ______.

⑤ 가 : 내일 시험인데 모르는 게 너무 많아.
나 : ______.

⑥ 가 : 지금 식당에 사람이 많을 것 같지 않아?
나 : ______.

AVst어/아/여 가지고

5. 다음 두 문장을 연결하십시오.

❶ 배운 단어로 문장을 만듭니다. / 오세요.

➔ 배운 단어로 문장을 만들어 ~~어/아/여~~ 가지고 오세요.

❷ 김밥을 쌉니다. / 놀러 가려고 해요.

➔ .... 어/아/여 가지고 ....

❸ 사진을 찍습니다. / 친구들에게 보여 줄 거예요.

➔ .... 어/아/여 가지고 ....

❹ 한국말을 배웁니다. / 무슨 일을 하고 싶습니까?

➔ .... ?

❺ 은행에서 돈을 찾았습니다. / 하숙비를 냈어요.

➔ ....

❻ 작은 옷을 골랐습니다. / 동생에게 주었어요.

➔ ....

6. 여러분은 어떻게 하시겠습니까? 적당한 것을 골라 '어/아/여 가지고'를 사용해서 질문에 대답하십시오.

❶ 가 : 친구 생일인데 무슨 선물을 사겠습니까?

나 : 저는 꽃을 사 가지고 친구에게 주겠습니다 .

꽃	책	와인

❷ 가 : 소풍을 갈 건데 무슨 음식을 만들까요?

나 : .

샌드위치	주먹밥	김밥

❸ 가 : 요리하기가 싫은데 뭘 시킬까요?

나 : .

자장면	피자	치킨

❹ 가 : 심심한데 무슨 비디오를 빌릴까요?

나 : .

액션영화	코미디영화	공포영화

❺ 가 : 라면을 끓일 때 뭘 넣어요?

나 : .

계란	치즈	떡

❻ 가 : 뭘 사고 싶어서 돈을 모아요?

나 : .

전자사전	핸드폰	디카

4과 5항

어휘와 문법

1. 다음 [보기]에서 알맞은 단어를 골라 (　　　) 안에 쓰십시오.

[보기]				
동료	음악회	꼭	청첩장	별로
잊다	초대하다	결정하다	서두르다	기대가 되다

❶ 한국에 온 후에 (음악회)에 가 본 적이 없어요.

❷ 시험이 끝나서 도서관에 학생들이 (　　　　) 없어요.

❸ 아직 시간이 있으니까 (　　　　)지 마세요.

❹ 직장 (　　　　)들이 돈을 모아서 집들이 선물로 청소기를 사 주었어요.

❺ 요즘에는 (　　　　)에 신랑, 신부 사진을 넣어서 만들어요.

❻ 혼자 (　　　　)지 말고 부모님과 같이 이야기해 보세요.

❼ 중요한 책이니까 (　　　　)지 말고 가지고 와.

❽ 약속 시간은 (　　　　) 지켜야 합니다.

❾ 이번 생일에 어떤 선물을 받을 지 (　　　　)어/아/여.

❿ 제 생일 파티에 (　　　　)고 싶은데 오실 수 있지요?

2. 다음 설명에 맞는 단어를 찾아 ○표 하십시오.

촛	풍	선	소	침	반	상	회
불	치	(욕	주	실	동	아	리
축	거	실)	방	창	물	축	반
하	수	쓰	회	예	현	의	가
피	로	연	다	방	관	금	회

❶ 집에서 세수, 목욕 등을 할 수 있는 곳
❷ 같은 학교를 졸업한 학생들의 모임
❸ 학교에서 취미가 비슷한 사람들이 모이는 모임
❹ 결혼식을 축하해 주려고 부르는 노래
❺ 신랑, 신부에게 선물을 주기도 하고 이것을 주기도 합니다.
❻ 보통 여기에서 TV를 보고 손님이 왔을 때 차를 마시기도 합니다.
❼ 공기를 넣으면 점점 커집니다. 여러 가지 색이고 아이들이 좋아합니다.
❽ 결혼식이 끝나고 음식을 먹으면서 즐겁게 이야기하는 모임

3. 맞으면 ○, 틀리면 X표 하십시오.

❶ 돈을 모아 가지고 노트북을 살 거예요. (○)
❷ 집에서 숙제를 해서 오세요. (   )
❸ 원피스를 입어 가지고 친구 결혼식에 갔어요. (   )
❹ 한국말을 배워 가지고 무역회사에 취직하고 싶어요. (   )
❺ 친구 집들이에 비누를 사서 갔어요. (   )
❻ 편지를 써 가지고 부모님께 보냈어요. (   )

4. 반말을 사용해서 다음 대화를 완성하십시오.

❶ 가 : 어학당을 졸업하면 뭐 할 거야?
나 : 고향에 돌아가서 취직할 거야.

❷ 가 : 시험도 끝났는데 어디 놀러 갈까?
나 : ________ 이나/나 ________.

❸ 가 : 언제까지 서울에 있을 거야?
나 : ________ 을지/ㄹ지 ________ 을지/ㄹ지 ________.

❹ 가 : ________?
나 : 아니, 늦게 일어나서 못 먹었어.

❺ 가 : 수업 시간에 모르는 단어가 많아.
나 : 그럼, ________.

❻ 가 : 집들이를 언제 할 거야?
나 : ________ 기로 했어.

❼ 가: 맥주를 더 시킬까?
나 : 아니, ________.

❽ 가 : 이거 누구 교과서니?
나 : ________.

❾ 가 : 요즘 여의도에 벚꽃이 예쁘게 피었어.
나 : 그럼, 우리 ________ 어/아/여 가지고 ________.

❿ 가 : ________?
나 : 수업 끝나고 만나자.

듣기 연습

CD: 04

5. 대화를 듣고 질문에 답하십시오.

1) 아이는 왜 여자를 이상하게 봤습니까?

..................을/를 쓰지 않고 ....을/를 썼기 때문입니다.

2) 여자는 아이에게 뭐라고 말하는 게 좋았을까요?

❶ 이름이 ....?

❷ 지수 ...., ...

3) 맞으면 O, 틀리면 X하십시오.

❶ 남자는 선생님 댁에 같이 가고 싶어서 전화했습니다. (　　)

❷ 여자는 아직 한국말을 잘 못하는 것 같습니다. (　　)

❸ 어제는 선생님 생신이었습니다. (　　)

읽기 연습

6. 다음 글을 읽고 질문에 답하십시오.

우리는 생일이나 결혼식같이 기쁜 날 가까운 사람들을 초대해서 파티를 하고 축하를 받습니다. 초대한 사람들은 음식을 준비하고 초대를 받은 사람들은 그 사람에게 필요한 선물을 사 가지고 갑니다.

그런데 선물을 고를 때 뭘 사 가지고 가야 할 지 결정하기 힘들 때가 많습니다. 우선 선물을 받는 사람의 나이, 성별, 취미 등을 잘 생각해야 합니다. 그리고 무슨 일로 축하를 하는 지 생각해야 합니다. 생일파티에는 CD, 액세서리, 책 등 너무 비싸지 않고 생활에서 자주 쓸 수 있는 선물이 좋습니다. 결혼식에는 선물보다 현금을 주는 게 보통입니다. 결혼식 준비에 돈이 많이 들고 부부가 직접 필요한 물건을 살 수 있으니까요. 아이의 첫 번째 생일인 '돌'에는 아이 옷, 장난감 등을 사 주기도 하지만 금반지를 선물하는 사람들이 많습니다. 그 이유는 옛날부터 금이 아이의 건강에 좋다고 생각했기 때문입니다. 집들이 선물로는 뭐가 좋을까요? 한국에서는 옛날부터 집들이 선물로 비누나 양초를 많이 선물했는데 그건 '부자가 되세요.' 라는 뜻입니다. 재미있지요?

1) 선물을 고를 때 생각하지 않아도 되는 것은 무엇입니까? (　　　)

❶ 나이　　❷ 취미　　❸ 전공　　❹ 성별

2) 윗글에서는 다음과 같은 때 어떤 선물을 하면 좋다고 했습니까? 연결하십시오.

❶ 집들이 •		• 책
❷ 결혼식 •		• 금반지
❸ 생일 •		• 비누
❹ 돌 •		• 현금

3) 맞으면 ○, 틀리면 X하십시오.

❶ 돌은 결혼한 지 1년 되는 날입니다. (　　　)

❷ 새로 이사 간 집에는 비누나 양초를 많이 사 가지고 갑니다. (　　　)

❸ 옛날에는 아이에게 금반지를 많이 선물했지만 요즘은 하지 않습니다. (　　　)

말하기 연습

7. 다음 초대장을 보고 친구를 초대하는 대화를 만드십시오. 반말을 사용하십시오.

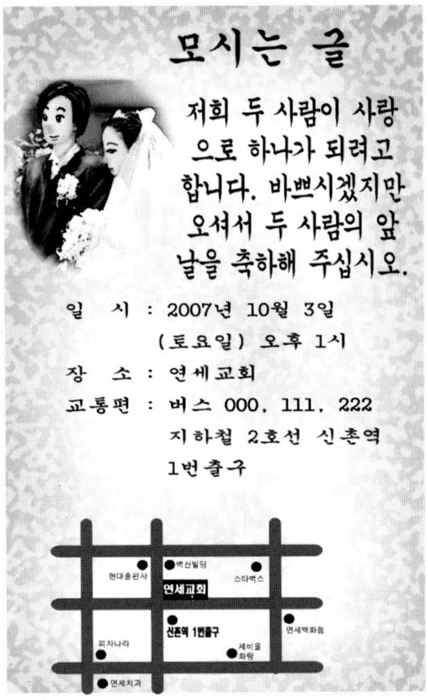

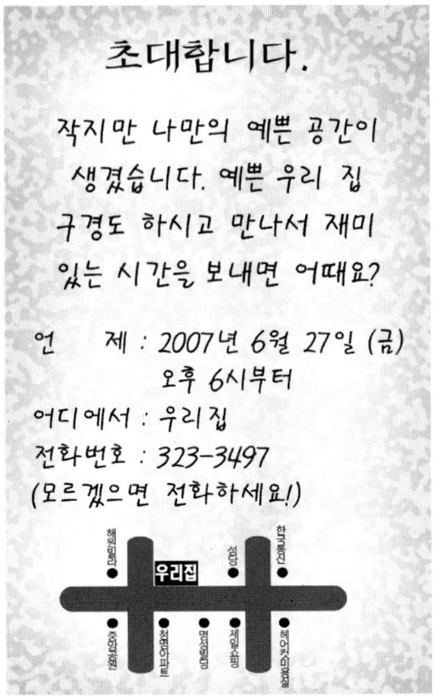

[보기]

아야코 : 지선아, 다음 주 토요일에 시간 있어?

지선 : 응, 괜찮아. 무슨 일 있어?

아야코 : 나 그날 결혼해. 이거 받아

지선 : 청첩장이구나! 축하해. 결혼식이 몇 시야?

아야코 : 오후 1시니까 점심 먹지 말고 와.

지선 : 어디에서 해?

아야코 : 연세교회야. 청첩장에 약도가 있으니까 어렵지 않을 거야.

지선 : 그래. 그 날 꼭 갈게.

8. 배운 문법을 사용하여 친구에게 질문하고 대답하십시오.

질문	대답
1) ______ 씨 생일이 얼마 안 남았는데 어디에서 파티를 할 거야? (-을지 -을지 모르다)	
2) 그럼, 시간은 정했어? 몇 시에 하기로 했어?	
3) 음식은 어떻게 할 거야? (-어 가지고)	
4) 케익은 누가 사기로 했어?	
5) 그럼, 나는 뭘 사면 좋을까? (이나)	
6) 넌 뭘 사 가지고 갈 거야?	
7) 참, 다음 달에 고향 친구 결혼식에 갈 거야? (-을지 -을지 모르다)	
8) 결혼식에 가지 못해도 축하 인사는 해야 되지 않아? (이나)	

쉼터 2 - 같은 소리, 다른 말

● 발음은 같은데 뜻이 다른 단어들이 있습니다. 연결해 보세요.

1.

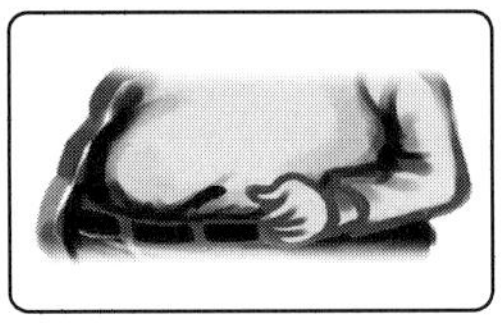

● 운동을 안 하고 먹기만 해서 ______가 나왔어요.

● 돈이 없어서 제주도에 ______로 가야겠어요.

● 가을에는 사과도 맛있고 ______도 맛있어요.

2.

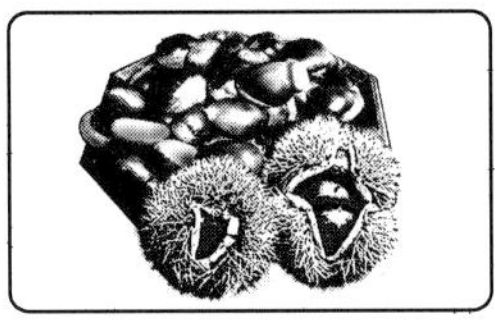

● ______은 삶아 먹어도 맛있고 구워 먹어도 맛있어요.

● 공기가 나빠져서 ______에 별을 보기가 쉽지 않아요.

3.

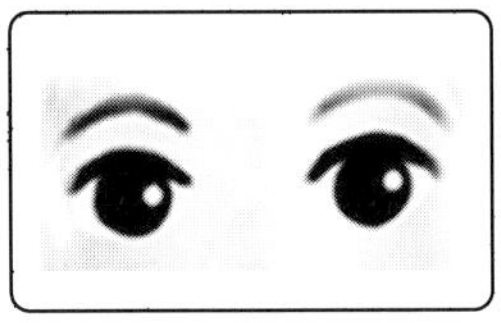

● 그 아이는 ______이 커서 더 예쁜 것 같아요.

● 우리 고향은 겨울에도 ______이 오지 않습니다.

4.

 • • 보통 식사 후에는 .... 를 한 잔 마십니다.

 • • 방학이 되면 .... 를 빌려서 여행을 갈 거예요.

5.

 • • 오랜만에 등산을 하니까 .... 가 아파요.

 • • 생각보다 한강이 크고 .... 가 아주 많아요.

• 다른 단어들도 많이 있습니다. 한번 찾아보세요.

➔ 말, 병, 공, 모자, 부자, 상, 살

제5과 교통

5과 1항

어휘

1. 다음 [보기]에서 알맞은 단어를 골라 (　　　) 안에 쓰십시오.

[보기]　놀이 공원　　번　　호선　　직접　　갈아타다

❶ 신촌로터리에 가면 인천공항으로 (　　직접　　) 가는 버스가 있습니다.

❷ 한국에 올 때 뉴욕에서 비행기를 (　　　　)었습니다/았습니다/였습니다.

❸ 이는 하루에 세 (　　　　), 3분 동안 닦으세요.

❹ (　　　　)에 가면 롤러코스터, 바이킹, 범퍼카 같은 것을 탈 수 있습니다.

❺ 지하철 2(　　　　)을/를 타면 신촌에 갈 수 있습니다.

2. 무엇을 타면 좋을까요? 다음 [보기]에서 골라 (　　) 안에 쓰십시오.

[보기]

시내버스

무궁화호

마을버스

모범택시

KTX

❶ 집에서 지하철 역까지 걸어서 20분쯤 걸리는데 좀 힘듭니다.

(　마을버스　)

❷ 지금 10시입니다. 부산에 1시까지 가야 하는데 비행기표가 없습니다.

(　　　　　)

❸ 밤 늦게 일반 택시를 타면 좀 위험할 것 같습니다.　(　　　　　)

❹ 신촌에서 여의도까지는 멀지 않지만 지하철로 가려면 갈아타야 합니다.

(　　　　　)

❺ 광주에 가야 하는데 창문 밖의 경치를 천천히 구경하고 싶습니다.

(　　　　　)

문법

AVst는지, DVst은지/ㄴ지, Vst을지/ㄹ지 알다/모르다

3. 다음 두 문장을 한 문장으로 만드십시오.

① 지선 씨 생일이 언제입니까? 아십니까?

➔ 지선 씨 생일이 언제인지 ~~는지,은지/ㄴ지,을지/ㄹ지~~ 아십니까 ?

② 그 학생이 어느 나라 사람이에요? 알아요?

➔ .... 는지,은지/ㄴ지,을지/ㄹ지 .... ?

③ 오늘 이 근처에 왜 사람들이 많아요? 아세요?

➔ .... 는지,은지/ㄴ지,을지/ㄹ지 .... ?

④ 어느 시장이 물건 값이 쌉니까? 압니다.

➔ ....

⑤ 경복궁이 어디에 있습니까? 아십니까?

➔ .... ?

⑥ 이 글자를 어떻게 읽습니까? 아십니까?

➔ .... ?

⑦ 마이클 씨가 어디에 살아요? 모르세요?

➔ .... ?

⑧ 양견 씨가 어디에서 한국말을 배웠습니까? 알아요.

➔ ....

⑨ 아이가 어제 무슨 음식을 먹었습니까? 모르세요?

➔ ______________________________?

⑩ 언제 그 식당이 다시 문을 열겠습니까? 모르겠습니다.

➔ ______________________________.

4. '-는지,은지/ㄴ지 알다'를 사용해서 질문하십시오.

❶ 가 : 영수 씨가 어디에 사는지 알아요?

나 : 네, 알아요. 영수 씨는 신촌에 살아요.

❷ 가 : ______________________________

나 : 네, 알아요. 수업은 1시에 끝나요.

❸ 가 : ______________________________

나 : 네, 알아요. 그분 이름이 김지선이에요.

❹ 가 : ______________________________

나 : 네, 알아요. 양견 씨는 어제 친구와 등산을 갔어요.

❺ 가 : ______________________________

나 : 네, 알아요. 신촌에 있어요.

❻ 가 : ______________________________

나 : 네, 알아요. 2123-3465예요.

N으로/로

5. 다음 질문에 대답하십시오.

❶ 가 : 명동에 가려고 하는데 몇 번 버스로 갈아타야 합니까?

나 : 722번 버스 으로/로 갈아타세요.

❷ 가 : 얼마 짜리 동전으로 바꿔 드릴까요?

나 : ________ 으로/로 ________.

❸ 가 : 오늘 놀이 공원에 가려고 하는데 어떤 옷으로 갈아입을까요?

나 : ________ 으로/로 ________.

❹ 가 : ________?

나 : 작고 가벼운 핸드폰으로 바꿀 거예요.

❺ 가 : ________?

나 : 운동화로 갈아 신으세요.

❻ 가 : ________?

나 : 약속 장소를 연세 카페로 바꿉시다.

6. [보기 1]과 [보기 2]의 '으로/로'가 같은 뜻으로 쓰인 것을 연결하십시오.

[보기 1]	[보기 2]
❶ 불고기는 소고기로 만들어요. •	• 지하철로 가는 게 빨라요.
❷ 저는 학교 버스로 와요. •	• 책상은 나무로 만듭니다.
❸ 왼쪽으로 가면 화장실이 있어요. •	• 4호선으로 갈아 타세요.
❹ 한식은 수저로 먹습니다. •	• 앞 쪽으로 나오세요.
❺ 좀 큰 것으로 바꿔 주세요. •	• 냉면을 가위로 잘라 주세요.

YONSEI KOREAN WORKBOOK 2

5과 2항

어휘

1. 다음 [보기]에서 알맞은 단어를 골라 (   ) 안에 쓰십시오.

[보기] 출퇴근 정도 번 보통 한

❶ 지하철 4(번) 출구로 나오면 큰 약국이 있습니다.

❷ 서울에서 설악산까지 (   ) 네 시간 걸릴 거예요.

❸ 점심을 집에서 먹을 때도 있지만 (   ) 밖에서 사 먹습니다.

❹ (   ) 시간에는 길이 많이 복잡하기 때문에 일찍 출발해야 합니다.

❺ 담배를 하루에 한 갑 (   ) 피웁니다.

2. 관계있는 것을 연결하십시오.

❶ 여기는 버스를 타는 곳입니다. •	• 거스름돈
❷ 이것은 돈을 내고 남은 돈입니다. •	• 단말기
❸ 버스 요금을 낼 때 여기에 카드를 댑니다. •	• 정류장
❹ 여기에는 할아버지, 할머니, 아이들, 그리고 몸이 불편한 사람들이 앉습니다. •	• 노선도
❺ 버스가 어디에 가는지 그린 지도입니다. •	• 노약자석

문법

AVst으려면/려면

3. 다음 대화를 완성하십시오.

❶ 가 : 비자를 받고 싶은데 어디에 가야 합니까?
나 : 비자를 받으려면 ~~으려면/려면~~ 대사관에 가야 합니다 .

❷ 가 : 해외 여행을 하고 싶은데 무엇이 있어야 합니까?
나 : .... 으려면/려면 ....

❸ 가 : 교과서를 사고 싶은데 몇 층으로 가야 합니까?
나 : .... 으려면/려면 ....

❹ 가 : 삼계탕을 만들고 싶은데 무엇을 사야 해요?
나 : ....

❺ 가 : 학교에 늦으면 안돼요. 몇 시에 일어나야 합니까?
나 : ....

❻ 가 : 결혼식에 가야 해요. 어떤 옷을 입어야 해요?
나 : ....

4. 다음 문장을 완성하십시오.

❶ 한국말을 잘 하려면 열심히 공부해야 합니다 .
한국말을 잘 하면 한국 회사에서 일할 수 있어요 .

❷ 기차를 타려면 ....
기차를 타면 ....

YONSEI KOREAN WORKBOOK 2

③ 건강해지려면 ....
건강해지면 ....

④ 이 일을 다 끝내려면 ....
이 일을 다 끝내면 ....

⑤ 물건을 싸게 사려면 ....
물건을 싸게 사면 ....

⑥ 그 사람 전화 번호를 알려면 ....
그 사람 전화 번호를 알면 ....

N이나/나[2]

5. 다음 대화를 완성하십시오.

① 가 : 저는 커피를 하루에 열잔 쯤 마셔요.
나 : 열 잔 이나요/나요?

② 가 : 어제 친구와 두 시간 동안 전화를 했어요.
나 : .... 이나요/나요?

③ 가 : 저는 동생이 네 명 있어요.
나 : .... 이나요/나요?

④ 가 : ....
나 : 50만 원이나요?

⑤ 가 : ....
나 : 열 권이나요?

⑥ 가 : ....
나 : 다섯 마리나요?

6. 다음 질문에 대답하십시오.

❶ 가 : 시간이 많이 걸렸어요?

나 : 네, 두 시간 이나/나 걸렸어요.

❷ 가 : 어제 저녁에 불고기를 많이 먹었어요?

나 : 네, ______________ 이나/나 ______________.

❸ 가 : 어제 남대문 시장에 가서 돈을 많이 썼어요?

나 : 네, ______________ 이나/나 ______________.

❹ 가 : 어제 술을 많이 마셨어요?

나 : 네, ______________________________.

❺ 가 : 영수 씨가 담배를 많이 피워요?

나 : 네, ______________________________.

❻ 가 : 오늘 안 온 학생이 많아요?

나 : 네, ______________________________.

5과 3항

어휘

1. 다음 [보기]에서 알맞은 단어를 골라 (　　　) 안에 쓰십시오.

[보기]	반대	승강장	요금	역무원	내다

❶

가 : 연세대학교에 가려면 신촌로터리쪽으로 가야 합니까?

나 : 아니요, (　반대　)쪽으로 가십시오.

❷

경찰관

소방관

(　　　　)

❸

이 역은 열차와 (　　　　) 사이가 넓습니다.
내리실 때 조심하십시오.

❹

우리 식당에서는 반찬을 남기면 벌금으로
1,000원을 (　　　　)어야/아야/여야 합니다.

❺

(　　　　)

어　　른: 5,000원
중고등학생: 4,000원
초등학생: 3,000원

2. 다음 [보기]에서 관계 있는 것을 골라 (　　　) 안에 쓰십시오.

[보기]	스크린도어	환승역	승객	행	안전선

❶ 을지로 3가, 시청, 충무로, 종로3가 (환승역)

❷ 열차가 멈춘 후 열리는 문 (　　　)

❸ 노란 색, 한 걸음 뒤 (　　　)

❹ 의정부○ 열차, 뉴욕○ 비행기 (　　　)

❺ 버스, 지하철, 비행기 등을 탄 손님 (　　　)

문법

Vst었다가/았다가/였다가

3. 관계있는 것을 연결하고 문장을 만드십시오.

❶ 지하식당에 갔습니다. •	• 껐습니다.
❷ 가방을 샀습니다. •	• 입었습니다.
❸ 옷을 벗었습니다. •	• 왔습니다.
❹ TV를 켰습니다. •	• 벗었습니다.
❺ 모자를 썼습니다. •	• 일어섰습니다.
❻ 의자에 앉았습니다. •	• 바꾸었습니다.

❶ 지하식당에 갔다가 ~~었다가/았다가/였다가~~ 왔습니다.

❷ ………… 었다가/았다가/였다가 ………….

❸ ………… 었다가/았다가/였다가 ………….

❹ ………….

❺ ………….

❻ ………….

4. 다음 그림을 보고 '-었다가/았다가/였다가'를 사용해서 질문에 대답하십시오.

❶ 

가 : 왜 엘리베이터에서 내렸어요?

나 : 엘리베이터에 탔다가 사람이 너무 많아서 내렸어요.

❷ 

가 : 왜 전자사전을 바꿨어요?

나 : ....

❸ 

가 : 왜 에어컨을 껐어요?

나 : ....

❹ 

가 : 왜 옷을 벗었어요?

나 : ....

❺ 

가 : 왜 창문을 닫았어요?

나 : ....

❻ 

가 : 왜 선글라스를 벗었어요?

나 : ....

AVst나요, DVst은가요/ㄴ가요?

5. 다음 문장을 바꾸어 쓰십시오.

❶ 한국사람입니까? ➔ 한국사람인가요 ?

❷ 이 분이 고향 친구입니까? ➔ ______________ ?

❸ 오늘 날씨가 춥습니까? ➔ ______________ ?

❹ 한국말 공부하기가 어떻습니까? ➔ ______________ ?

❺ 물어볼 것이 없습니까? ➔ ______________ ?

❻ 학교에 무엇으로 옵니까? ➔ ______________ ?

❼ 삼계탕에는 무엇을 넣습니까? ➔ ______________ ?

❽ 양견 씨를 아십니까? ➔ ______________ ?

❾ 어제 몇 시에 주무셨습니까? ➔ ______________ ?

❿ 방학 동안 무슨 책을 읽었습니까? ➔ ______________ ?

6. 다음 광고를 보고 '-나요,은가요/ㄴ가요?'를 사용해서 질문을 만드십시오.

아르바이트

저희 연세 여행사에서는

영어를 할 수 있는 사람을 찾습니다.

3월 3일부터 6개월 동안 일해야 합니다.

아래 전화 번호로 연락 주십시오.

Tel : 02)2123-3455

가 : 네, 연세 여행사입니다.

나 : 아르바이트를 하고 싶어서 전화했습니다. 그런데 ❶ 무슨 일을 하나요 ?

가 : 영어로 전화 받는 일을 합니다.

나 : ❷ ______________________________ ?

가 : 회사는 명동에 있습니다.

나 : ❸ ______________________________ ?

가 : 오전 9시까지 출근해야 합니다.

나 : ❹ ______________________________ ?

가 : 하루에 4시간 일합니다.

나 : ❺ ______________________________ ?

가 : 한 달에 100만 원입니다.

나 : ❻ ______________________________ ?

가 : 네, 점심 식사는 드립니다.

나 : 네, 알겠습니다. 제가 다시 연락하겠습니다.

5과 4항

어휘

1. 자동차를 타고 핸드폰으로 연세여행사에 어떻게 가는지 묻습니다. 다음 지도를 보고 [보기]에서 알맞은 단어를 골라 (　　) 안에 쓰십시오.

[보기] 약도　　사거리　　쪽　　똑바로　　보이다

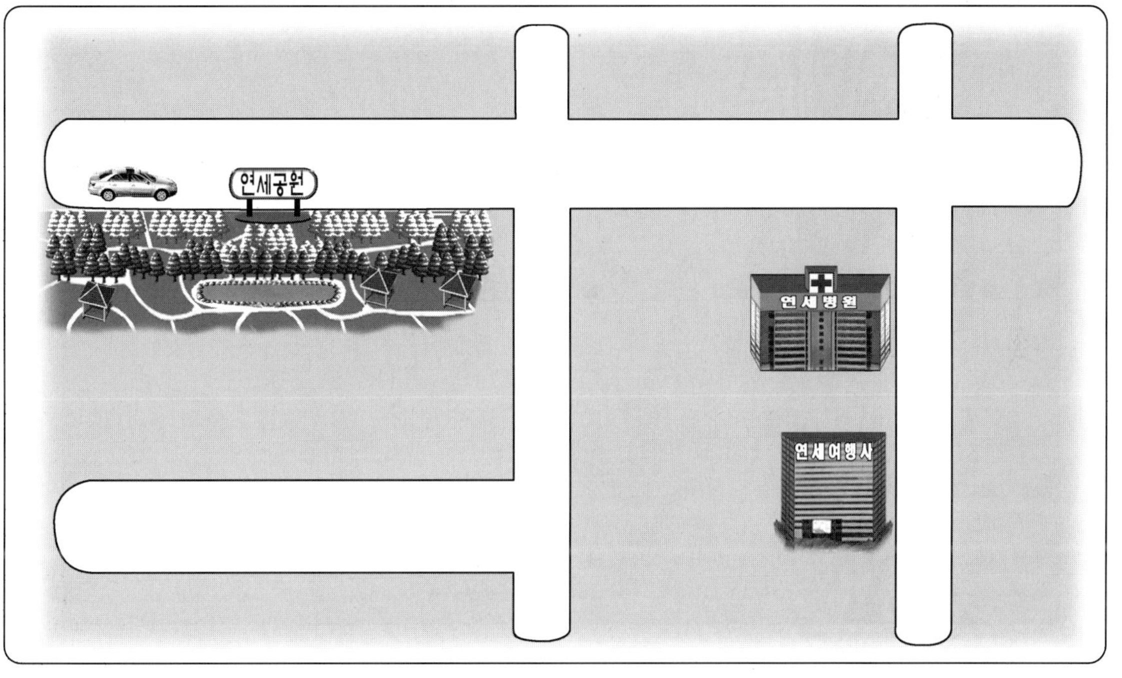

가 : 여보세요? 거기 연세여행사지요? 저는 지금 ❶ (　　　　)을/를 보고 연세여행사를 찾아가고 있는데 거기에 어떻게 갑니까?

나 : 지금 어디에 계세요?

가 : 연세공원 앞에 있는데요.

나 : ❷ (똑바로) 가다가 두 번째 ❸ (　　　　)에서 오른쪽으로 가세요.

가 : 네, 오른쪽으로 갔어요.

나 : 거기에 무엇이 있습니까?

가 : 병원이 있는데요.

나 : 병원을 지나서 앞쪽으로 50m쯤 ❹ (　　　　)오세요. 그러면 연세여행사 건물이 ❺ (　　　　)어요/아요/여요.

가 : 네, 여기 있군요. 고맙습니다.

2. 관계있는 것을 연결하십시오.

❶		버스전용차로	횡단보도가 있습니다
❷		횡단보도	걸어서 건널 수 없습니다
❸		주차금지	이 길은 버스만 갈 수 있습니다
❹		보행자 통행금지	차를 세우면 안됩니다
❺		일방통행	한쪽 방향으로만 갈 수 있습니다

문법

AVst다가

3. 다음 [보기]에서 알맞은 단어를 골라 문장을 완성하십시오.

[보기 1]	[보기 2]
❶ 영화를 봅니다.	김밥을 샀어요.
❷ 회사에 다닙니다.	나왔어요.
❸ 학교에 옵니다.	그만두었습니다.

❶ 영화를 보 다가 나왔어요.

❷ ______ 다가 ______

❸ ______ 다가 ______

[보기 1]	[보기 2]	[보기 3]
❹ 공부를 합니다.	다리가 아픕니다.	신촌으로 이사했습니다.
❺ 명동에 삽니다.	졸립니다.	커피를 마셨어요.
❻ 산에 올라갑니다.	학교가 멉니다.	내려왔습니다.

❹ ______ 다가 ______ 어서/아서/여서 ______

❺ ______ 다가 ______ 어서/아서/여서 ______

❻ ______ 다가 ______ 어서/아서/여서 ______

4. '–다가' 를 사용해서 다음 질문에 대답하십시오.

❶ 가 : 청소를 하다가 무엇을 찾았어요?

나 : 청소를 하다가 학생증을 찾았어요.

❷ 가 : 어떻게 두 사람이 같이 와요?

나 :

❸ 가 : 도서관에서 공부하다가 어디에 갔어요?

나 :

❹ 가 : 무엇을 하다가 다리를 다쳤어요?

나 : .

❺ 가 : 서울에서만 계속 살았어요?

나 : 아니요, .

❻ 가 : 요즘도 요가를 배워요?

나 : 아니요, .

Vst 어/아/여 보이다

5. 다음 문장을 완성하십시오.

❶

키가 큰 친구 옆에 있으니까

키가 작아 ~~어/아/여~~ 보여요.

❷

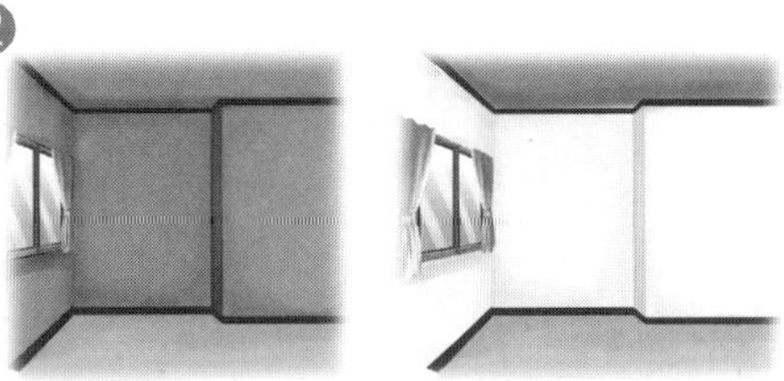

벽을 밝은 색으로 바꾸니까

.... 어/아/여 보여요.

❸

머리를 자르니까

.... 어/아/여 보여요.

❹

까만색 옷을 입으니까

....

❺

안경을 쓰니까

....

❻

예쁜 컵에 담으니까

....

6. '-어/아/여 보이다'를 사용해서 다음 대화를 완성하십시오.

은영 : 양견 씨, 어서 오세요. 집 찾기가 힘들었지요? ❶ 피곤해 보여요 ~~어요/아요/여요~~.

양견 : 아니요, 괜찮아요. 이 아파트가 ❷ ________ 어서/아서/여서 마을 버스를 안 탔는데 생각보다 멀었어요.

은영 : 아, 그랬군요. 그런데, 양견 씨가 청바지 입은 거 처음봐요. 청바지를 입으니까 ❸ ________ 어요/아요/여요.

양견 : 그래요? 고마워요.

은영 : 참, 옌리 씨는 같이 안 왔어요?

양견 : 오늘 좀 ❹ ________ 어서/아서/여서 저 혼자 왔어요.

은영 : 네, 잘 하셨어요. 요즘 옌리 씨가 회사일 때문에 바쁜 것 같아요.

양견 : 어, 이거 두 분 결혼 사진이군요. 두 분이 정말 ❺ ________ 어요/아요/여요.

은영 : 고맙습니다. 저, 양견 씨, 이거 제가 만든 잡채인데 좀 드세요.

양견 : 와! 아주 ❻ ________ 는데요,은데요/ㄴ데요.

5과 5항

어휘와 문법

1. 다음 [보기]에서 알맞은 단어를 골라 (　　　) 안에 쓰십시오.

[보기]				
반대	요금	사거리	출퇴근	정도
보통	쪽	내다	갈아타다	보이다

❶ 저기 보이는 (사거리)에서 우회전 해 주세요.

❷ 날씨가 좋으면 서울타워에서 인천이 (　　　　)습니다/ㅂ니다.

❸ 학교까지 직접 오는 버스가 없어서 한 번 (　　　　)어야/아야/여야 합니다.

❹ 어학당에 다니는 학생들은 (　　　　) 신촌에서 하숙을 해요.

❺ (　　　　) 시간에는 지하철에 사람이 너무 많아요.

❻ 이쪽에서 타면 잠실쪽으로 갑니다.
신촌역으로 가려면 (　　　　)쪽으로 가세요.

❼ 공항까지 가려면 택시 (　　　　)이/가 얼마나 나와요?

❽ 오른쪽으로 돌아서 (　　　　) 가면 도서관이 있습니다.

❾ 한국 사람들은 식당에서 서로 돈을 (　　　　)으려고/려고 해요.

❿ 수업이 1시 (　　　　)에 끝나니까 1시 반에 만납시다.

2. 다음 단어 중 지하철과 관계있는 것에는 '지', 버스와 관계있는 것에는 '버', 택시와 관계있는 것에는 '택'을 쓰십시오. 여러 번 써도 괜찮습니다.

개인	시외	고속	역	모범
(택)	(　　)	(　　)	(　　)	(　　)
마을	단말기	벨	승강장	안전선
(　　)	(　　)	(　　)	(　　)	(　　)
환승역	정류장	전용차로	잡다	역무원
(　　)	(　　)	(　　)	(　　)	(　　)
노선도	노약자석			
(　　)	(　　)			

3. 다음 대화를 완성하십시오.

❶ 가 : 백화점 문을 몇 시에 여는지 아세요?

나 : 네, 몇 시에 여는지 알아요. 10시 반에 열어요.

❷ 가 : ______________ 는지,은지/ㄴ지 ______________?

나 : 네, 알아요. 우리 반에서 옌리 씨가 노래를 제일 잘 해요.

❸ 가 : 무슨 색으로 바꿔 드릴까요?

나 : ______________ 으로/로 바꿔 주세요.

❹ 가 : ______________ 으려면/려면 ______________ 어야/아야/여야 합니까?

나 : 일찍 자야 합니다.

❺ 가 : 어제는 배가 너무 고파서 혼자서 불고기 3인분을 먹었어요.

나 : ______________ 이나요/나요?

❻ 가 : 왜 택시에서 내렸어요?

나 : ______________ 었다가/았다가/였다가 ______________ 어서/아서/여서

______________________________.

❼ 가 : 저 파마했는데, 어때요?

나 : ______________ 으니까/니까 ______________ 어/아/여 보여요.

❽ 가 : 양견 씨, 왜 태권도를 배우다가 그만 두었어요?

나 : ______________ 다가 ______________ 어서/아서/여서 ______________.

❾ 가 : ______________________________ 나요,은가요/ㄴ가요?

나 : 7시쯤 집에 돌아오는데요.

❿ 가 : ______________________________ 나요,은가요/ㄴ가요?

나 : 바람이 조금 불지만 춥지 않아요.

4. 다음 두 문형 중에서 알맞은 것을 골라 다음 두 문장을 연결하십시오.

AVst다가
AVst었다가/았다가/였다가

❶ 시내에 가다 / 우체국에 들르다

➔ 시내에 가다가 우체국에 들렀습니다 ~~었습니다/았습니다/였습니다~~.

❷ 텔레비전을 켜다 / 재미없어서 끄다

➔ ______________________ 었습니다/았습니다/였습니다.

❸ 너무 더워서 문을 열다 / 비가 와서 닫다

➔ ______________________ 었습니다/았습니다/였습니다.

❹ 방 청소를 하다 / 옛날 사진을 찾다

➔ ______________________ 었습니다/았습니다/였습니다.

❺ 비가 오다 / 그치다

➔ ______________________ 었습니다/았습니다/였습니다.

❻ 방학 동안 고향에 가다 / 오다

➔ ______________________ 겠습니다.

❼ 영화를 보다 / 너무 슬퍼서 울다

➔ ______________________ 었습니다/았습니다/였습니다.

❽ 우유를 냉장고에 넣다 / 꺼내다

➔ ______________________ 었습니다/았습니다/였습니다.

듣기 연습

CD: 05

5. 듣고 질문에 답하십시오.

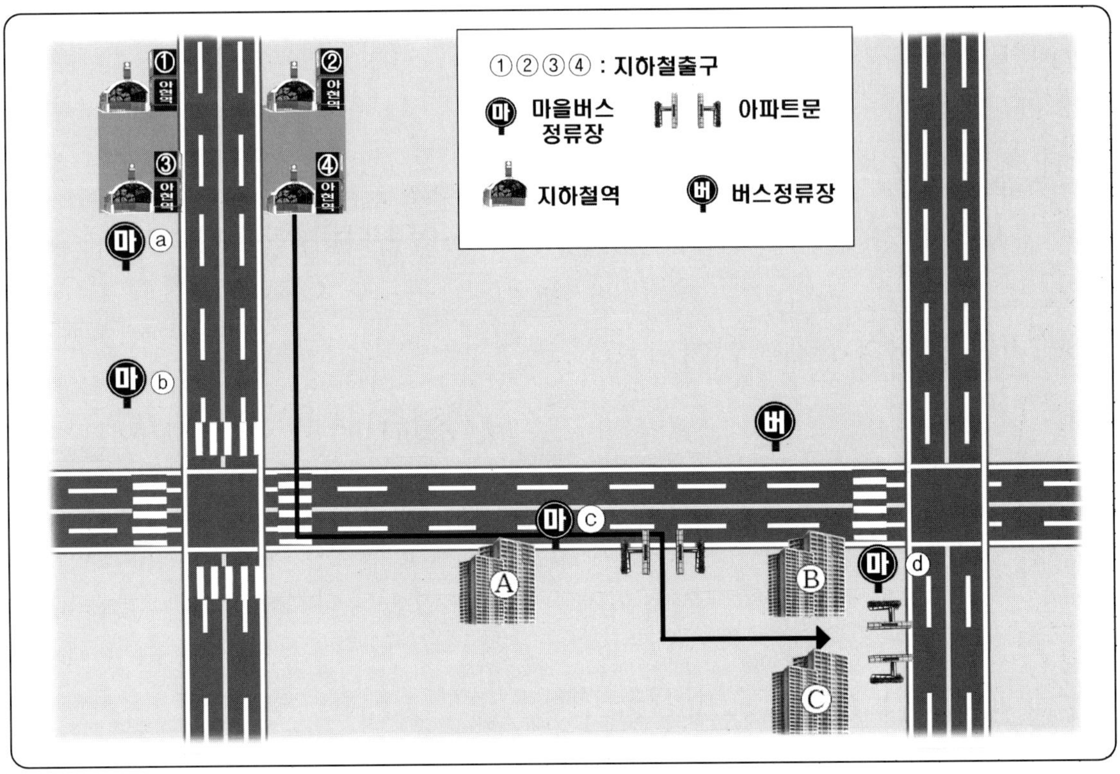

1) 마을 버스를 타는 곳과 내리는 곳이 알맞게 연결된 것을 고르십시오. (　　　　)

❶ ⓐ – ⓑ　　❷ ⓐ – ⓒ　　❸ ⓐ – ⓓ

2) 우리집은 어디에 있습니까? (　　　　)

❶ A　　❷ B　　❸ C

3) 들은 내용과 다른 것을 고르십시오. (　　　　)

❶ 우리집은 아파트입니다.

❷ 학교에서 버스로 올 수 있습니다.

❸ 우리집은 2층에 있습니다.

4) 지하철역에서 걸어오려고 합니다. '⟶' 표를 따라서 어떻게 해야 하는지 그림을 보고 쓰십시오.

2호선 (　　　　)역에서 내려서 (　　　　)번 출구로 나오세요. 똑바로 걸어오면 (　　　　)이/가 있습니다. 횡단보도를 건너서 (　　　　)쪽으로 가세요. 쭉 가면 아파트 정문이 있습니다. 아파트 정문으로 들어와서 다시 (　　　　)쪽으로 가면 우리 아파트 건물이 있습니다.

읽기 연습

6. 다음 이야기를 읽고 질문에 답하십시오.

길찾기는 어렵습니다. 그렇지만, 지하철을 타면 조금 쉽습니다. 두 가지만 알면 찾을 수 있습니다. 우선, 역 이름을 잘 알아야 합니다. '신촌' 역도 있고 '신천' 역도 있습니다. '상봉' 역도 있고 '산본' 역도 있습니다. 지하철 역 이름을 잘못 알고 있으면, 다른 곳으로 갑니다. 그 다음에는 몇 번 출구로 나가야 하는지 알아야 합니다. 출구번호를 알면 그 쪽으로 나가서 내가 가고 싶은 곳을 쉽게 찾을 수 있습니다. 지하철로 어디에 갈 때 두 가지를 질문하면 갈 수 있습니다. "어디 어디에 가려면 어느 역에서 내려야 합니까?" 그리고, "어디 어디에 가려면 몇 번 출구로 나가야 합니까?" 이 두 질문을 꼭 기억하십시오.

1) 지하철을 타고 친구 집을 찾아갈 때 무엇을 알면 찾을 수 있습니까? 쓰십시오.

❶ ....

❷ ....

2) 왜 역 이름을 잘 알아야 합니까? (　　　　　)

❶ 역 이름이 많아서

❷ 비슷한 역 이름이 있어서

❸ 역 이름이 같은 곳이 있어서

3) 지하철로 연세대학교에 가고 싶습니다. 어떻게 질문하면 됩니까? 쓰십시오.

....

....

말하기 연습

7. 버스와 지하철의 좋은 점과 나쁜 점을 찾아보고 무엇이 더 좋은지 이야기하십시오.

지하철의 좋은 점	버스의 좋은 점
• 길이 막히지 않는다. • 노선표를 보고 어디든지 갈 수 있다. •	• 갈아탈 때 많이 걷지 않는다. • 밖을 볼 수 있다. • ....
지하철의 나쁜 점	**버스의 나쁜 점**
• 사람이 많다. • 갈아탈 때 많이 걷는다. •	• 버스마다 노선이 다르다. • 길이 막힌다. • ....

[보기]
가 : 저는 길이 막히지 않아서 지하철이 좋아요.
나 : 길이 안 막히기는 하지만 지하철은 갈아탈 때 많이 걸어서 저는 버스가 더 좋아요.

가 : 저는 .... 어서/아서/여서 .... 이/가 좋아요/싫어요.
나 : .... 기는 하지만 .... 은/는 .... 어서/아서/여서
저는 .... 이/가 좋아요/싫어요.

8. 배운 문법을 사용하여 친구에게 질문하고 대답하십시오.

질문	대답
1) ○○씨, 어제 어디에 갔다가 왔어요?	
2) 신촌에서 거기에 가려면 어떻게 해야 합니까?	
3) ○○씨, 교통카드를 어디에서 파는지 아세요?	
4) 교통카드는 비싼가요?	
5) 학교에 무엇으로 오나요?	
6) 오늘 학교에 오다가 누구를 만났어요?	
7) 저는 집에서 학교까지 두 시간 걸려요. (이나요?)	
8) 참, 어제 머리를 잘랐는데 어때요? (–어 보이다)	

복습 문제 (1과 - 5과)

I. 다음 [보기]에서 알맞은 단어를 골라 (   ) 안에 쓰십시오.

[보기]	전공	예절	치수	동창	광고	계산	요금	꼭
	별로	우선	쭉	직접	짜리	부터	정도	

1. 배도 고픈데 밥(   ) 먹고 일을 시작합시다.
2. 가게로 (   ) 오지 않고 전화로 주문하셔도 괜찮습니다.
3. 중요한 모임이니까 (   ) 오세요.
4. 하루에 한 시간 (   ) 운동을 하면 건강에 좋습니다.
5. (   ) 토요일에 만날지 일요일에 만날지 결정합시다.
6. 횡단보도를 건너서 (   ) 가면 교회가 보일 거예요.
7. 이 자동판매기는 오백원 (   ) 동전만 사용할 수 있어요.
8. 시험이 끝나서 도서관에 학생들이 (   ) 없군요.
9. 친구에게 옷을 사 주고 싶은데 (   )을/를 잘 몰라서 사기가 힘들어요.
10. 제 (   )은/는 경제학이지만, 여행을 좋아해서 여행사에서 일합니다.
11. (   )은/는 카드로 하겠습니다.
12. 나라마다 음식도 다르고 식사 (   )도 다릅니다.
13. 오늘 저녁에 (   ) 모임이 있어서 좀 늦을 거예요.
14. 지난 달에 고향에 전화를 많이 해서 전화 (   )이/가 많이 나왔어요.
15. 신문 (   )을/를 보고 왔는데, 이 의자가 50% 세일 하는 거예요?

II. 알맞은 단어를 고르십시오.

1. 이 청바지가 저에게 .... 어요/아요/여요. (   )

   ❶ 익숙하다 ❷ 어울리다 ❸ 갈아입다 ❹ 좋아하다

2. 그 친구가 준 생일 선물이 .... 어요/아요/여요. (   )

   ❶ 마음에 들다 ❷ 반갑다 ❸ 필요하다 ❹ 유명하다

3. 밥이 너무 많으면 .... 어서/아서/여서 드세요. (　　　)

❶ 담다　❷ 들다　❸ 넣다　❹ 덜다

4. 약속 시간에 늦을 것 같아서 .... 어서/아서/여서 준비했어요. (　　　)

❶ 잊다　❷ 부탁하다　❸ 서투르다　❹ 서두르다

5. 아주머니, 냉면 좀 .... 어/아/여 주세요. (　　　)

❶ 깎다　❷ 썰다　❸ 자르다　❹ 찌다

Ⅲ. [보기]와 같은 관계가 아닌 것을 고르십시오.

1. **[보기] 편지 – 우체국** (　　　)

❶ 돈 – 은행　❷ 여행 – 공항

❸ 비자 – 출입국관리사무소　❹ 책 – 도서관

2. **[보기] 간장 – 찍다** (　　　)

❶ 친구 – 사귀다　❷ 촛불 – 끄다

❸ 라면 – 뿌리다　❹ 박수 – 치다

3. **[보기] 맛있게 – 먹다** (　　　)

❶ 즐겁게 – 지내다　❷ 귀엽게 – 결혼하다

❸ 깨끗하게 – 청소하다　❹ 예쁘게 – 입다

4. **[보기] 입다 – 벗다** (　　　)

❶ 졸업하다 – 입학하다　❷ 열다 – 닫다

❸ 보내다 – 부치다　❹ 주다 – 받다

5. **[보기] 제일 – 가장** (　　　)

❶ 같이 – 따로따로　❷ 우선 – 먼저

❸ 똑바로 – 쭉　❹ 참 – 아주

IV. 다음 대화를 완성하십시오.

1. 가 : 내일 몇 시 쯤 전화드릴까요?
   나 : .... 이든지/든지 ....

2. 가 : 이 사전 좀 써도 돼요?
   나 : 네, ...

3. 가 : 수업시간에 음식을 먹어도 돼요?
   나 : 아니요, ...

4. 가 : 그 단어가 사전에 있을 것 같은데 없어요?
   나 : 네, ... 어도/아도/여도 ....

5. 가 : 기숙사에 냉장고가 있어?
   나 : .... 기는 하지만 ....

6. 가 : 영화가 몇 시에 끝나는지 알아요?
   나 : 아니요, ...

7. 가 : 수술을 받은 적이 있어요?
   나 : 아니요, ...

8. 가 : 옆집이 시끄러워서 잠을 못 잤어요.
   나 : .... 겠군요.

9. 가 : 김영수 씨가 오늘 기분이 좀 안 좋은 것 같습니다.
   나 : .... 기 때문이에요.

10. 가 : 박 선생님이 언제 나갔습니까?
    나 : .... 은/ㄴ 지 ....

YONSEI KOREAN WORKBOOK 2

11. 가 : ______________________________.

나 : 두 시간이나요?

12. 가 : ______________________ 나요, 은가요/ㄴ가요?

나 : 출퇴근 시간에는 지하철이 제일 빠릅니다.

13. 가 : 방학 때 어디에 가고 싶으세요?

나 : ________________ 었으면/았으면/였으면 좋겠어요.

14. 가 : 어제 집에 가다가 어디에 들렀어요?

나 : ____________ 다가 ______________________.

15. 가 : 왜 옷을 샀다가 바꿨어요?

나 : ________ 었다가/았다가/였다가 ________ 어서/아서/여서 ________.

16. 가 : 무슨 색으로 드릴까요?

나 : _________________________ 으로/로 하겠습니다.

17. 가 : 책을 빌리려면 무엇이 있어야 합니까?

나 : _______________________ 어야/아야/여야 합니다.

18. 가 : 영화가 시작되려면 40분 쯤 기다려야 해요.

나 : ______________________________ 이나요/나요?

19. 가 : 생일 파티를 어디에서 할 지 결정했어요?

나 : 아니요, ________ 을지/ㄹ지 ________ 을지/ㄹ지 결정하지 못 했어요.

20. 가 : 어떤 학생에게 장학금을 줄까요?

나 : ______________________________ 기로 합시다.

V. 맞는 문장에 ○표 하십시오.

1. 잘 어울리는데 입어 보세요. (   )
잘 어울리는데 입어 봤어요. (   )

2. 한국 신문을 읽으면 한자를 공부했어요. (   )
한국 신문을 읽으려면 한자를 공부해야 해요. (   )

3. 도서관에서 책을 빌려서 왔어요. (   )
도서관에서 책을 빌려 가지고 왔어요. (   )

4. 제 농담 때문에 친구가 화가 났어요. (   )
제 농담이기 때문에 친구가 화가 났어요. (   )

5. 하숙비를 내러 돈을 찾았어요. (   )
하숙비를 내려고 돈을 찾았어요. (   )

VI. 밑줄 친 부분을 맞게 고치십시오.

1. 그 친구가 언제 고향에 돌아가겠는지 모르겠어요.

2. 주말에도 바쁘나요?

3. 지선 씨는 고양이를 아주 귀엽습니다.

4. 밥을 먹었다가 전화가 와서 나갔어요.

5. 대학교를 졸업했는지 3년 되었어요.

YONSEI KOREAN WORKBOOK 2

Ⅶ. 다음 [보기]에서 알맞은 것을 골라서 두 문장을 한 문장으로 연결하십시오.

[보기] -었다가/았다가/였다가　-으니까/니까　-는데, 은데/ㄴ데
-어도/아도/여도　-어/아/여 가지고

1. 어제 집에 갔어요. 4시 반이었어요.

➔ ....

2. 숙제로 문장을 3개 만드십시오. 오십시오.

➔ ....

3. 친구의 우산을 빌렸습니다. 그 다음 날 학교에서 돌려주었습니다.

➔ ....

4. 어제 산 가방이에요. 값도 싸고 모양도 예뻐요.

➔ ....

5. 민수 씨는 술을 조금만 마십니다. 취합니다.

➔ ....

Ⅷ. 반말로 바꾸십시오.

1. 지선 씨, 오늘 바쁘세요?

➔ ....

2. 어디에 갈 거예요?

➔ ....

3. 친구가 많아서 좋으시겠습니다.

➔ ....

4. 날마다 한국 뉴스를 듣습니다.

➔ ....

5. 네, 어제는 술을 많이 마셨어요.

➔ ....

6. 약속 시간이 4시 아니에요?

➔ ....

7. 진심으로 축하합니다.

➔ ....

8. 밤늦게 전화하지 마십시오.

➔ ....

9. 다음 주 수요일에 만납시다.

➔ ....

10. 제 친구입니다.

➔ ....

Ⅸ. 반말로 대답하십시오.

1. 가 : 지금 뭐 하고 계세요?
   나 : ....

2. 가 : 졸업하면 무슨 일을 하고 싶어요?
   나 : ....

3. 가 : 오늘 바람이 많이 불어요?
   나 : 아니, ...

4. 가 : 제가 운전할까요?
   나 : 응, ...

5. 가 : 두 시 비행기를 타려면 몇 시에 출발해야 해요?
   나 : ....

6. 가 : 날마다 운동하면 살이 좀 빠질까요?
   나 : ....

7. 가 : 어제 몇 시에 집에 들어 왔어요?
   나 : ....

8. 가 : 창문을 닫아도 돼요?
   나 : 응, ...

9. 가 : 마이클 씨가 미국사람이지요?
   나 : 아니, ...

10. 가 : 오늘 날씨가 어때요?
    나 : ....

십자말 풀이 1

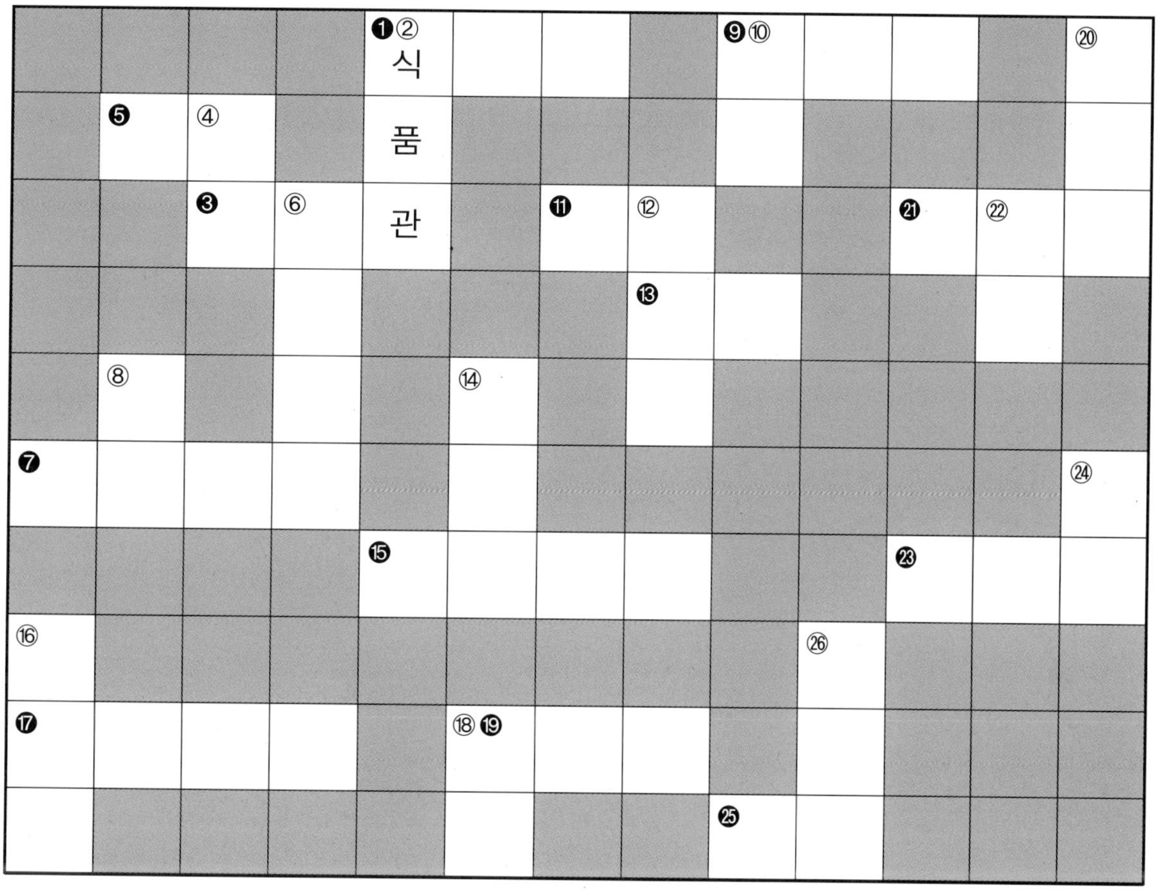

[가로 열쇠]

❶ 백화점에서 과일, 우유, 고기 등이 있는 층
❸ 책도 빌리고 공부도 하는 곳
❺ 시험 공부를 안 해서 ◯◯이에요.
❼ 카드로 계산할 때 이름을 쓰다
❾ 노래방에서 노래를 ◯◯◯
⓫ 우체국에서 보내는 것
⓭ 물건을 산 후에 돈을 ◯◯
⓯ 여행을 가려고 옷, 여권 등을 ◯◯◯◯
⓱ 팔천원 짜리 물건을 사고 만원을 내면 ◯◯◯◯은 이천원
⓳ 물건을 살 때 좋은 것을 찾다
㉑ 옛날부터 전해내려오는 물건이 많은 곳
㉓ 스프에 후추를 ◯◯◯
㉕ 다른 나라와 물건을 사고 파는 것

[세로 열쇠]

② 백화점에서 식당이 있는 층
④ 쯤
⑥ 어떤 일을 급하게, 빨리 하다
⑧ 한국 음식 중에서 김치가 ◯◯해요.
⑩ 음식을 만드는 곳, 집집마다 있어요.
⑫ 시간을 보내다, 즐겁게 ◯◯◯
⑭ 닭으로 만든 갈비
⑯ 길과 길이 만나는 곳, 네 방향으로 갈 수 있어요.
⑱ 아버지의 누나
⑳ 구경이나 여행을 하러 많이 가는 곳
㉒ 전화번호, 주소 등을 ◯◯
㉔ 만두를 간장에 ◯◯
㉖ 갈아타는 역

부록

- 듣기 지문
- 정답

듣기 지문

1과 5항

남자 고향이 어디예요?

여자 제주도예요. 제주도를 아세요?

남자 네, 알아요. 그런데 제주도가 어떤 곳이에요?

여자 서울보다 따뜻하지만 바람이 많이 부는 곳이에요.
그리고 여러 가지 맛있는 과일이 많아요.

남자 사람들이 제주도로 여행을 많이 가요?

여자 네, 여름에는 바다에서 수영을 할 수 있고 또, 한라산으로 등산도 갈 수 있어요.
봄과 가을에는 신혼여행도 많이 가요.

남자 그런데, 제주도가 멀어요?

여자 비행기로 한 시간 쯤 걸려요.

남자 배로도 갈 수 있어요?

여자 네, 갈 수 있지만 시간이 많이 걸려요. 그래서 저는 고향에 갈 때는 언제든지 비행기로 가요.

2과 5항

남자 이 식당은 뭐가 맛있어요?

여자 삼계탕이 유명한 집이에요. 먹어 본 적이 있어요?

남자 이름은 들어 봤지만 아직 못 먹어 봤어요.

여자 삼계탕은 한국 사람들이 여름에 많이 먹는데 건강에 아주 좋은 음식이에요. 오늘 한 번 드셔 보세요. 아저씨, 여기 삼계탕 둘이요!

남자 삼계탕은 집에서도 만들 수 있어요?

여자 그럼요. 생각보다 쉬워요. 닭에 인삼, 대추, 마늘, 찹쌀 등을 넣고 끓이기만 하면 돼요.
소금으로 간을 맞추고요.

(여기 있습니다. 맛있게 드세요.)

남자 어떻게 먹는 거예요? 손으로 먹어도 돼요?

여자 네, 그런데 뜨거우니까 조심하세요. 여기 접시가 있으니까 좀 덜어서 드세요.

3과 5항

사랑의 발렌타인데이!
시간이 없어서 사랑하는 사람을 만날 수 없습니까?
그러면 저희가 사랑을 배달해 드리겠습니다.
사랑의 장미꽃 백송이.
발렌타인데이 특별 세트 10만 원!
초콜릿, 그리고 사랑의 편지도 함께 배달해 드립니다.
5천 원을 더 내시면 사랑의 노래도 불러 드립니다.
주문은 02-333-5252.
꽃사랑

4과 5항

남자 어제 어디 갔었어요? 뭐 좀 물어보려고 전화했는데…
여자 아, 그랬어요? 어제 반 친구들하고 선생님 댁에 갔어요.
남자 선생님 생신이었어요?
여자 아니요. 선생님이 새 아파트로 이사 가셔서 우리를 초대해 주셨어요.
남자 그랬군요. 재미있게 놀았어요?
여자 네, 그런데 제가 선생님 아이하고 이야기를 하는데 아이가 자꾸 저를 보고 웃었어요.
남자 무슨 이야기를 했는데요?
여자 처음에 "이름이 뭐예요?" 하고 물어봤어요. 그 다음에 아이 이름이 '지수'여서 "지수 씨, 참 예쁘게 생겼군요." 라고 했어요.
남자 하하, 아이에게 존댓말을 쓰니까 아이가 이상해서 웃었군요.

5과 5항

지하철로 오려면 2호선을 타세요. 아현역에서 내려서 3번 출구로 나오면 마을버스 정류장이 보이는데, 거기서 10번 버스를 타세요. 버스를 타고 오다가 세 번째 정류장에서 내리세요. 버스에서 내려서 왼쪽으로 가면 아파트 후문이 있습니다. 아파트 후문으로 들어오면 오른쪽에 건물이 있습니다. 그 건물 7층 2호가 우리 집입니다.

학교에서 오려면 170번 버스를 타세요. 버스를 타고 오다가 '행복아파트 앞'에서 내리세요. 버스에서 내리면 횡단보도가 있어요. 그 횡단보도를 건너서 쭉 오면 오른쪽에 아파트 문이 있습니다.

정답

제1과 소개

1과 1항

1. ❷도움 ❸필요해요 ❹무역 ❺부탁하세요
2.

❶증권회사	비행기 표를 팔고 비행기로 물건들을 보냅니다.
❷무역회사	매일 여러 나라의 뉴스를 소개합니다.
❸신문사	여러 회사의 증권을 사고 팝니다.
❹여행사	여행가고 싶은 사람에게 여러 가지 도움을 줍니다.
❺항공사	다른 나라와 물건을 사고 팝니다.

3. ❷교통이 복잡하기 때문에 ❸늦게 일어나기 때문에 ❹주말이기 때문에 ❺맵지 않기 때문에 ❻열심히 공부했기 때문에 시험을 잘 봤습니다.
4. ❷일이 많기 때문에 점심을 못 먹었어요. ❸감기에 걸렸기 때문에 학교에 못 왔습니다. ❹한국 친구가 많기 때문에 한국말을 잘 하는 것 같아요. ❺시험을 잘 못 봤기 때문에 그런 것 같습니다. ❻손님이 오시기 때문에 일찍 가요.
5. ❷감기 ❸학생들 ❹비 때문에 ❺교통사고 때문에 ❻전화벨 소리 때문에
6. ❷누구든지 ❸어디든지 ❹뭐든지 ❺언제든지
7. ❷맵지 않으면 무슨 음식이든지 좋아요. ❸시험이 끝나면 언제든지 갈 수 있어요. ❹한국말을 쓸 수 있으면 어떤 회사든지 괜찮아요. ❺조용하면 어디든지 좋아요. ❻학생증이 있으면 누구든지 들어갈 수 있어요.

1과 2항

1. ❷졸업하고 ❸시작할 ❹경영학 ❺전공
2. ❶별, 하늘, 과학자 ❷병원, 환자, 의사 ❸돈, 시장, 은행 ❹방송국, 뉴스, 기자 ❺박물관, 경복궁, 왕
3. ❷모차르트가 죽은 지 200년 쯤 됐습니다. ❸벨이 전화기를 만든 지 130년 쯤 됐습니다. ❹부모님께서 결혼하신 지 27년 됐습니다. ❺한·일 월드컵이 열린 지 5년 됐습니다. ❻어학당에 다닌 지 7개월 됐습니다.
4. ❷가:고등학교를 졸업한 지 얼마나 됐어요? 나:생략 ❸가:부모님께 전화한 지 얼마나 됐어요? 나:생략 ❹가:휴대 전화를 산 지 얼마나 됐어요? 나:생략 ❺가:하숙집에 산 지 얼마나 됐어요? 나:생략 ❻가:극장에서 영화를 본 지 얼마나 됐어요? 나:생략
5.

❶ 저는 매운 음식을 잘 먹어요.	거기는 날씨가 어때요?
❷ 여기는 조금 춥습니다.	민수 씨도 같이 가시겠어요?
❸ 오늘은 시간이 없습니다.	안나 씨도 잘 드세요?
❹ 저는 기숙사에 살아요.	아야코 씨는 어디에 살아요?
❺ 친구하고 영화를 볼 거예요.	은영 씨는 뭘 하셨어요?
❻ 저는 지난 주말에 등산을 했습니다.	내일 오후에 만날까요?

❷여기는 조금 추운데 거기는 날씨가 어떻습니까? ❸오늘은 시간이 없는데 내일 오후에 만날까요? ❹저는 기숙사에 사는데 아야코 씨는 어디에 살아요? ❺친구하고 영화를 볼 건데 민수 씨도 같이 가시겠어요? ❻저는 지난 주말에 등산을 했는데 은영 씨는 뭘 하셨습니까?

6. ❷거기는 몇 시예요? ❸저는 학교생활이 아주 재미있는데 따냐 씨는 어때요? ❹저는 지금 책을 읽고 있었는데 따냐 씨는 뭘 하고 있었어요? ❺저는 다음 주부터 시험인데 안나 씨는 언제 시험이에요? ❻여행을 하려고 하는데 따냐 씨는 뭘 할 거예요?

1과 3항

1. ❷사귈 ❸지냈습니까? ❹힘듭니다 ❺익숙해져서
2. ❷이모 ❸작은 아버지 ❹고모 ❺조카
3. ❷깨끗해졌어요 ❸좋아졌어요 ❹많아졌어요 ❺나빠졌어요 ❻더워졌어요.
4.

❶한국말을 잘 하다	조용하다
❷창문을 열다	건강하다
❸문을 닫다	한국생활이 재미있다
❹방학이 끝나다	건강이 나쁘다
❺술을 많이 마시다	도서관에 학생들이 많다
❻담배를 끊다	시원하다

❷창문을 열면 시원해질 거예요. ❸문을 닫으면 조용해질 거예요. ❹방학이 끝나면 도서관에 학생들이 많아질 거예요. ❺술을 많이 마시면 건강이 나빠질 거예요. ❻담배를 끊으면 건강해질 거예요.

5. ❷아침에 일찍 일어나려고 일찍 잡니다. ❸책을 빌리려고 도서관에 갔어요. ❹새 차를 사려고 돈을 모아요. ❺음악을 들으려고 MP3를 샀습니다. ❻샌드위치를 만들려고 빵을 샀어요.
6. ❷쇼핑을 하려고 돈을 찾았어요. ❸해외 여행을 가려고 여권을 만들었어요. ❹교과서를 넣으려고 큰 가방을 샀어요. ❺친구들에게 보여 주려고 가지고 왔어요. ❻모르는 문제를 물어 보려고 전화했어요.

1과 4항

1. ❷경치 ❸맑아요 ❹다녀와서 ❺시골
2. ❷도시 ❸섬 ❹유적지 ❺바닷가
3. ❷어려워합니다 ❸재미있어합니다 ❹기뻐합니다 ❺슬퍼합니다 ❻미안해합니다
4. ❷귀여워하는 ❸무서워해서 ❹미안해서 ❺좋아했습니다 ❻기뻤습니다
5. ❷중국말을 잘 하겠군요. ❸시끄럽겠군요. ❹태권도를 잘 하겠군요. ❺돈을 많이 썼겠군요. ❻맛있는 음식을 많이 먹었겠군요.
6. ❷고향에 자주 못 가겠군요. ❸아이스크림을 많이 먹겠군요. ❹늦게 자겠군요. ❺학교에 늦었겠군요. ❻배가 고프겠군요.

1과 5항

1. ❷익숙하지 ❸졸업했어요 ❹시골 ❺부탁할 ❻경치 ❼전공 ❽도움 ❾다녀오세요 ❿지내요
2. 생략
3. ❷뭐든지 잘 먹어요. ❸무슨 영화든지 괜찮아요. ❹한국에 온 지 4개월 되었습니다. ❺영화가 시작된 지 얼마나 되었어요? ❻친구 생일 파티를 하려고 샀어요. ❼단어와 문법이 어려워졌어요. ❽재미있어 했어요. ❾한국은 3월에 학교가 시작되는데 일본은 언제 시작돼요? ❿내일 등산을 가려고 하는데 같이 가시겠어요?
4. ❶ 가 : 왜 이렇게 길이 복잡해요?
   나 : 교통사고 때문에 길이 복잡해요. (○)
   교통사고이기 때문에 길이 복잡해요. (   )
   ❷ 가 : 영수 씨는 영어를 잘 하는군요.
   나 : 재미 교포이기 때문에 영어를 잘 해요. (○)
   재미 교포 때문에 영어를 잘 해요. (   )
   ❸ 가 : 언제 만날까요?
   나 : 오늘은 바쁘기 때문에 내일 만납시다. (   )
   오늘은 바쁘니까 내일 만납시다. (○)
   ❹ 가 : 왜 1층 식당에 가요?
   나 : 김밥을 사기 때문에 식당에 가요. (   )
   김밥을 사려고 식당에 가요. (○)
   ❺ 가 : 왜 돈을 모아요?
   나 : 여행을 가러 돈을 모아요. (   )
   여행을 가려고 돈을 모아요. (○)
5. 1)❸ 2)❶× ❷○ ❸×
6. 1)❷ 2)(지하철도 없고 교통도 복잡하지 않은) 작은 도시 3)❶○ ❷○ ❸×
7. 생략
8. 생략

정 답

제2과 한국음식

2과 1항

1. ❷반찬 ❸설렁탕 ❹더세요 ❺접시

2.

설렁탕	찍다	간장
만두	비비다	소금
미역국	넣다	후추
국수	말다	밥
크림수프	뿌리다	고추장

3. ❷꺼야 합니다. ❸담배를 끊어야 합니다. ❹여권을 만들어야 합니다. ❺학생증이 있어야 합니다. ❻예매해야 합니다.

4. ❷외국어를 잘 해야 합니다. ❸노래를 잘 해야 합니다.❹유치원 선생님은 아이들을 좋아해야 합니다. ❺모델은 키가 커야 합니다.❻택시 기사는 길을 잘 알아야 합니다.

5. ❷스킨 스쿠버를 해 봤어요. ❸바다낚시를 해 보지 못했어요.❹흑돼지를 먹어 보지 못했어요. ❺말을 타 보지 못했어요. ❻녹차 박물관에 가 봤어요.

6. ❷가 : 잡채를 먹어 봤어요?
   나 : 네, 잡채를 먹어 봤어요.
   ❸가 : '사랑해' 를 불러 봤어요?
   나 : 아니요, '사랑해' 를 불러 보지 못했어요.
   ❹가 : 김치찌개를 만들어 봤어요?
   나 : 아니요, 김치찌개를 만들어 보지 못했어요.
   ❺가 : 한국 대통령을 만나 봤어요?
   나 : 아니요, 한국 대통령을 만나 보지 못했어요.
   ❻가 : 골프를 쳐 봤어요?
   나 : 네, 골프를 쳐 봤어요.

2과 2항

1. ❷채소 ❸유명해요 ❹고기 ❺닭
2. 생략

3.

❶이 사과는 3개에 천원입니다.	재미있고 친절하세요.
❷저 분은 우리 읽기 선생님이에요.	커피도 맛있고 값도 싸요.
❸제 고향은 삿포로 입니다.	달고 맛있습니다.
❹저는 그 카페에 지주 가요.	단어가 어렵지 않아서 좋습니다.
❺이 책은 생일선물로 받았습니다.	눈이 많이 오고 라면이 유명합니다.
❻이 가방은 홍콩에서 샀어요.	색이 예뻐서 마음에 들어요.

❷저 분은 우리 읽기 선생님인데 재미있고 친절하세요. ❸제 고향은 삿포로인데 눈이 많이 오고 라면이 유명합니다. ❹저는 그 카페에 자주 가는데 커피도 맛있고 값도 싸요. ❺이 책은 생일선물로 받았는데 단어가 어렵지 않아서 좋습니다. ❻이 가방은 홍콩에서 샀는데 색이 예뻐서 마음에 들어요.

4. 생략

5. ❷그림을 잘 그려서 상을 받은 적이 있습니다. ❸중학교 때 같은 반 여학생을 혼자 좋아한 적이 있습니다. ❹고등학교 때 친구들과 산으로 캠핑을 간 적이 있습니다. ❺대학교 때 도서관에서 아르바이트를 한 적이 있습니다. ❻한국에서 불고기를 만든 적이 있습니다.

6. ❷가 : 길을 잃어버린 적이 있습니까?
   나 : 아니요, 길을 잃어버린 적이 없습니다.
   ❸가 : 영어를 가르친 적이 있습니까?
   나 : 네, 영어를 가르친 적이 있습니다.
   ❹가 : 한국친구 집에 간 적이 있습니까?
   나 : 아니요, 한국친구 집에 간 적이 없습니다.
   ❺가 : 버스를 잘못 탄 적이 있습니까?
   나 : 네, 버스를 잘못 탄 적이 있습니다.
   ❻생략

2과 3항

1. ❷맞추는 ❸끓여 ❹썰면 ❺우선
2. ❷찌다 ❸굽다 ❹볶다 ❺튀기다
3. ❷짜게 ❸행복하게 ❹늦게 ❺크게 ❻재미있게
4. ❷밝게 ❸예쁘게 ❹작게 ❺가볍게 ❻빨갛게
5. ❷신문부터 읽어요. ❸이름부터 써요. ❹이메일부터 봅니다. ❺물부터 끓이세요. ❻돈부터 모으세요.
6.

1층	지하	제일 위층

❷1층부터 구경합니다.

화장실	방	부엌

❸방부터 청소해요.

경복궁	명동	남대문시장

❹남대문시장부터 모시고 가겠습니다.

색깔	가격	디자인

❺디자인부터 봐요.

이름	나이	직업

❻이름부터 물어봐요.

2과 4항

1. ❷양손 ❸윗사람 ❹예절 ❺내려놓으세요
2. ❷접시 ❸반찬 ❹숟가락 ❺젓가락
3. ❷영어로 이야기해도 돼요? ❸창문을 열어도 돼요? ❹이거 먹어도 돼요? ❺자리를 바꿔도 돼요? ❻내일 가지고 와도 돼요?
4. ❷사진을 찍으면 안 돼요. ❸들어오면 안 돼요. ❹쓰레기를 버리면 안 돼요.❺손을 대면 안 돼요. ❻기대면 안 돼요.
5. ❷신발을 신고 들어가면 안 돼요. ❸이 옷 입어 봐도 돼요? ❹미안하지만 먼저 가도 돼요? ❺내일 내도 돼요? ❻사전을 봐도 돼요?
6. 생략

2과 5항

1. ❷맞췄어요 ❸그릇 ❹유명한 ❺채소 ❻간 ❼반찬 ❽양손 ❾우선 ❿윗사람
2.

❷	소금	고기	간장	설탕
❸	반찬	그릇	접시	냄비
❹	비빔밥	잡채	김치찌개	탕수육
❺	덜다	튀기다	삶다	굽다

3. ❷막걸리를 마셔 보지 못했어요. ❸한국친구와 이야기를 많이 해야 해요. ❹백화점에서 샀는데 단어도 많고 찾기 편해요. ❺실수한 적이 있어요. ❻만들어 본 적이 없어요. ❼친구들과 재미있게 놀았습니다. ❽친구들부터 만나고 싶어요. ❾써도 돼요. ❿늦게 들어가면 안 돼요.
4. ❸ 교실에서 담배를 피워도 안 돼요. (×)
   피우면
   ❹ 저는 기숙사에 살은 적이 없어요. (×)
   산
   ❺ 천천히 출발해도 괜찮아요. (○)
   ❻ 파를 그렇게 크게 썰으면 안 돼요. (×)
   썰면
   ❼ 옌리 씨는 중국에서 온 데 영어를 아주 잘해요. (×)
   왔는데
   ❽ 오늘까지 이 일을 끝내야 돼요. (○)
5. 1) ❸ 2) ❷ 3) ❹
   4) ❶ (×) ❷ (×) ❸ (○)
6. 1) ❸
   2)(❹) (❷) (❺) (❶) (❸)
   3) ❶ (×) ❷ (○) ❸ (×)
7. 생략 8. 생략

제3과 시장

3과 1항

1. ❷도와드리겠습니다 ❸행사 ❹정장 ❺고르기가
2. ❶빵, 채소, 생선 ❷지갑, 화장품, 목걸이 ❸치마, 바지정장, 블라우스 ❹양복, 와이셔츠, 넥타이 ❺수영복, 등산화, 스키장갑

정답

3. ❷소설책을 살까 합니다. ❸다음 학기에는 쉴까 합니다. ❹컴퓨터를 한 대 살까 해요. ❺내일 갈까 해요. ❻내년 3월에 결혼할까 합니다.
4. ❷잘까 합니다 ❸한 벌 살까 합니다 ❹이탈리아 음식을 먹을까 합니다 ❺마실까 합니다 ❻수영도 할까 합니다
5.

❶ 영화가 재미있습니다.	춤을 잘 춥니다.
❷ 그 식당 음식이 비쌉니다.	너무 깁니다.
❸ 그 가수가 노래를 잘 못 부릅니다.	아주 맛있습니다.
❹ 그 사람을 압니다.	돈을 많이 썼습니다.
❺ 피아노를 배웠습니다.	친하지 않습니다.
❻ 여행을 가서 구경을 잘 했습니다.	잘 치지 못합니다.

❷그 식당 음식이 비싸기는 하지만 아주 맛있습니다. ❸그 가수가 노래를 잘 못 부르기는 하지만 춤을 잘 춥니다. ❹그 사람을 알기는 하지만 친하지 않습니다. ❺피아노를 배우기는 했지만 잘 치지 못합니다. ❻여행 가서 구경을 잘 하기는 했지만 돈을 많이 썼습니다.

6. ❷일이 힘들기는 하지만 월급이 많아요. ❸듣기는 하지만 잘 이해하지 못 해요. ❹주차장이 있기 하지만 좁아요. ❺예쁘기는 하지만 노래를 잘 못 불러요. ❻멋있기는 하지만 너무 비싸요.

3과 2항

1. ❷치수 ❸어울립니다 ❹갈아입어요 ❺ 하얘요
2.

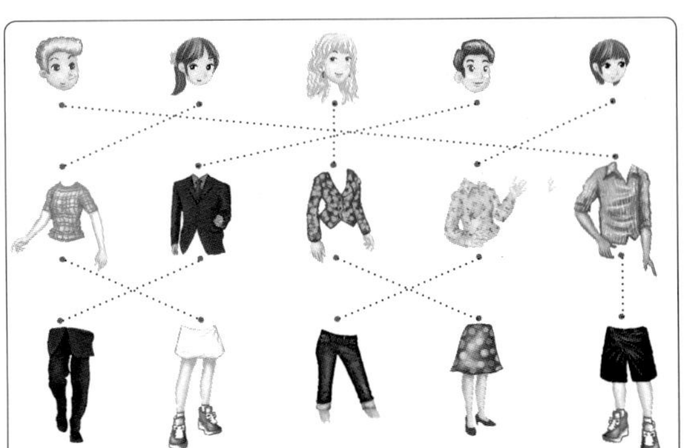

3. ❷앉아 보세요 ❸입어 보세요 ❹읽어 보세요 ❺들어 보세요 ❻마셔 보세요
4. ❷물어 볼까요 ❸드셔 보세요 ❹써 보세요 ❺읽어 봐도 ❻들어 보시겠어요
5. ❷비가 오는데 등산을 하지 맙시다. ❸길이 막히는데 지하철을 탈까요? ❹날씨가 더운데 맥주를 마십시다. ❺책 값이 비싼데 도서관에서 빌리세요. ❻다리가 아픈데 택시를 탑시다.
6. ❷옷이 큰데 어떻게 하지요? ❸된장찌개가 짠데 어떻게 하지요? ❹식당에 사람이 많은데 어떻게 할까요? ❺비가 오는데 어떻게 하지요? ❻4시 표가 없는데 어떻게 할까요?

3과 3항

1. ❷계산 ❸봉투 ❹배달해 ❺주문하면
2.

❶ 냉동식품	칫솔, 치약, 비누
❷ 유제품	만두, 피자, 아이스크림
❸ 생활용품	쌀, 콩, 보리, 밀
❹ 주방용품	우유, 치즈, 요구르트, 버터
❺ 곡물	냄비, 프라이팬

3. ❷금연석으로 주세요. ❸물냉면으로 주세요. ❹커피로 주세요. ❺11시 표로 주세요. ❻연세호텔로 부탁합니다.
4. ❷1시로 하겠습니다. ❸한식으로 하겠습니다. ❹맥주로 하겠습니다. ❺해바라기로 하겠습니다. ❻까만색으로 하겠습니다.
5. ❷비가 와도 축구를 할 거예요. ❸큰 서점에 가도 없을 거예요. ❹설명을 들어도 모르겠습니다. ❺지도가 있어도 찾기 어려울 것 같아요. ❻많이 마셔도 안 취해요.
6. ❷비싸도 살 거예요. ❸맛이 없어도 값은 싸요. ❹공부를 열심해 안 해도 시험을 잘 봐요. ❺약을 먹어도 좋아지지 않아요. ❻일찍 자도 늦게 일어나요.

3과 4항

1. ❷짜리 ❸마음에 들었지만 ❹광고 ❺바구니
2. ❷향수 ❸넥타이 ❹현금 ❺반지
3.

❶가까이 가 봤습니다.	맛있었습니다.
❷먹어 봤습니다.	아무도 없었어요.
❸집에 갔어요.	빌딩이 컸습니다.
❹10분 쯤 걸어갔어요.	아주 가볍습니다.
❺가방을 들어 봅니다.	주문한 피자가 왔어요.
❻30분쯤 기다렸어요.	학교가 보였어요.

❷먹어 보니까 맛있었습니다. ❸집에 가니까 아무도 없었어요. ❹10분쯤 걸어가니까 학교가 보였어요. ❺가방을 들어 보니까 아주 가벼웠습니다. ❻30분쯤 기다리니까 주문한 피자가 왔어요.
4. ❷우산을 줬어요. ❸은영 씨가 울었어요. ❹아주 예뻤어요. ❺받지 않았어요. ❻11시 반이었어요.
5. ❷하와이에 갔으면 좋겠어요. ❸고향 친구를 봤으면 좋겠어요. ❹마음이 넓은 사람을 사귀었으면 좋겠어요. ❺노래를 잘 불렀으면 좋겠어요. ❻전쟁이 없었으면 좋겠어요.
6. ❷시험이 없었으면 좋겠어요. ❸월급을 많이 받았으면 좋겠어요. ❹아이들이 말을 잘 들었으면 좋겠어요. ❺학생들이 날마다 일찍 왔으면 좋겠어요. ❻생략

3과 5항

1. ❷행사 ❸정장 ❹봉투 ❺치수 ❻서명하면 ❼어울릴 ❽골라서 ❾마음에 들어요 ❿주문하면
2.

			②가						⑤❻꽃	다	발
			전			③주			무		
			제		❹물	방	울	무	늬		
	❶식	료	품			용				❿향	
				⑧바		품			❾손	수	건
		❼반	바	지							

3. ❷가깝기는 하지만 하숙비가 비싸요. ❸하얀색으로 하겠어요. ❹9월까지 있을까 합니다. ❺전화를 해 볼까요? ❻음식이 맛있는데 더 드세요. ❼머리가 아파도 시험을 볼 거예요. ❽많이 먹어도 배가 부르지 않아요. ❾교실에 오니까 학생들이 세 명 있었어요. ❿여행을 했으면 좋겠어요.
4.

❷ 가방을 여니까	지갑이 없었어요.	(○)
	지갑을 찾았어요.	( )
❸ 전화를 거니까	아이가 받았어요.	(○)
	빨리 받으세요.	( )
❹ 피곤한데	일찍 집에 갑니다.	( )
	일찍 집에 갑시다.	(○)
❺ 바람이 많이 불기는 하지만	춥지 않아요.	(○)
	비가 와요.	( )

5. 1)❸ 2)꽃, 초콜릿, 편지 3)노래를 불러 준다.
6. 1)추석선물세트 2)과일세트 3)❹ 4)❶ × ❷ ○ ❸ ○
7. 생략 8. 생략

제4과 초대

4과 1항

1. 2)❸ 3)❸ 4)❷ 5)❹
2. ❷부릅시다 ❸끌까요 ❹터뜨릴게요 ❺자르겠습니다
3. ❷고향에서 온 친구야? ❸우리 반 학생이 아니야. ❹도서관에서 신문을 읽을 거야. ❺누구한테 말할 거야? ❻오후에는 비가 오지 않을 거야. ❽내 동생은 키가 커. ❾은행에서 돈을 찾아. ❿오늘은 학교에 가지 않아. ⓫어디에서 공부해? ⓬한국에 온 지 얼마나 됐어? ⓭같이 점심을 먹어. ⓮같이 등산을 가.
4. ❷친구들과 축구를 해. ❸춥지 않아. ❹다섯 시야. ❺친구와 노래방에 갔어. ❻많지 않아. ❼세 시까지 올 거야. ❽많이 하지 않았어. ❾커피 한 잔해. ❿그 옷을 살 거야.

정답

5. ❷ 김밥이나 먹겠습니다.
   ☐ 샌드위치 ☑ 김밥 ☐ 라면
   ❸ 단어복습이나 하겠습니다.
   ☑ 단어복습 ☐ 숙제 ☐ 발음연습
   ❹ 비디오나 보겠습니다.
   ☐ TV ☑ 비디오 ☐ 만화책
   ❺ 주스나 마시겠습니다.
   ☐ 커피 ☐ 콜라 ☑ 주스
   ❻ 노래방에나 가겠습니다.
   ☑ 노래방 ☐ 롯데월드 ☐ 북한산
6. ❷ 시험 공부나 할까 해요. ❸ 고향에나 갈까 합니다. ❹ 자장면이나 먹읍시다. ❺ 책이나 사 주세요. ❻ 밖에 나가서 농구나 합시다.

4과 2항

1. ❷ 동료 ❸ 따로 ❹ 결정하지 ❺ 적어
2. ❷ 현관 ❸ 욕실 ❹ 거실 ❺ 베란다
3. ❷ 숙제 좀 도와 줘. ❸ 담배를 피우지 마. ❹ 요즘 어떻게 지냈어? ❺ 지선아, 할머니께서는 어디에 사셔? ❻ 민수야, 어머니께서 청소하시는 것 좀 도와 드려. ❼ 내가 전화 받을게. ❽ 순두부찌개가 맵구나. ❾ 잘 가. ❿ 잘 잤어? ⓫ 잘 있어. ⓬ 많이 먹어. ⓭ 급한 일이 생기면 언제든지 말해.
4.

가: ❶ 지선 씨, 생일날 케이크에 촛불을 몇 개
지선아,
❷ 꽂으셨어요?
꽂았어?
나: ❸ 제 나이를 물어 ❹ 보시는 거예요? ❺ 저 스
내 보는 거야? 나
물일곱 ❻ 살이에요.
살이야.
가: 그럼 촛불도 스물일곱 개 ❼ 꽂으세요?
꽂아?
나: ❽ 네, 자기 나이하고 똑같이 ❾ 하는데요.
응. 하는데.
가: 나이는 스물일곱 살이지만 생일은 스물여섯 번째
❿ 아니에요? 그럼 아기의 첫 번 째 생일에도 초를
아니야?
두개 ⓫ 꽂아요?
꽂아?
나: ⓬ 아니요, 하나만 ⓭ 꽂아요. 첫 번째 생일에만 그
아니, 꽂아.
렇게 ⓮ 해요.
해.
가: 첫 번째 생일에 하나를 꽂으면 스물여섯 번째 생일에도 스물여섯 개 꽂는게 ⓯ 맞지 않아요?
맞지 않아?
나: ⓰ 저도 잘 ⓱ 몰라요. 촛불이 많으면 예쁘니까 많
나 몰라.
이 꽂는 것 ⓲ 같아요.
같아.

5. ❷ 제주도에 갈지 설악산에 갈지 결정하지 못했어요. ❸ 토요일에 만날지 일요일에 만날지 정합시다. ❹ 기차로 갈지 버스로 갈지 이야기 할 거예요. ❺ 3급까지 공부할지 4급까지 공부할지 생각 중이야. ❻ 코미디영화가 좋을지 액션영화가 좋을지 모르겠어요.
6. ❷ 알람시계를 살지 커피잔을 살지 ❸ 자장면을 먹을지 짬뽕을 먹을지 ❹ 맥주를 마실지 소주를 마실지 ❺ 무역회사에 들어갈지 여행사에 들어갈지 ❻ 영국으로 갈지 캐나다로 갈지

4과 3항

1. ❷ 서두르지 ❸ 후배 ❹ 별로 ❺ 청첩장
2. 피로연 • • 교환하다
   예물 • • 던지다
   축가 • • 내다
   부케 • • 하다
   축의금 • • 부르다
   ❷ 예물을 교환합니다. ❸ 부케를 던집니다. ❹ 축가를 부릅니다. ❺ 축의금을 냅니다.
3. ❷ 우리 아버지는 의사다. ❸ 나는 한국 사람이다. ❹ 이것은 내 공책이 아니다. ❻ 날마다 숙제가 많다. ❼ 오늘은 시간이 없다. ❽ 물건 값이 별로 비싸지 않다. ❿ 매운 음식도 잘 먹는다. ⓫ 옆 반 친구와 같은 하숙집에 산다. ⓬ 그 사람을 사랑하지 않는다. ⓮ 교통이 복잡하지 않았다. ⓯ 부모님이 오셔서 좋겠다. ⓰ 영어로 이야기하지 않겠다. ⓲ 남자 친구 사진이니? ⓳ 여기가 현대백화점 아니

니? ⓴그 식당 음식 맛이 어떠니? ㉑김치는 어떻게 만드니? ㉒아르바이트가 힘들지 않니? ㉓어제 누구를 만났니? ㉔무슨 노래를 부를 거니? ㉖앉아서 말해라. ㉗추우니까 창문을 닫아라. ㉘공부할 때 음악을 듣지 마라.

4. ❷스티브 집에 갔다. ❸좋아하고 운동도 좋아한다. ❹주말에 시간이 있으면 학교에서 가끔 같이 테니스를 친다. ❺늦게 집에 들어왔다. ❻집에 일찍 와서 숙제도 하고 복습도 해야겠다.
5. ❷배를 타고 가기로 했어요. ❸민박을 하기로 했어요. ❹3박 4일 동안 여행하기로 했어요. ❺로라 씨도 갈 수 있는 지 물어보기로 했어요. ❻시험 끝나고 만나서 계획을 더 세우기로 했어요.
6. ❷항상 웃는 얼굴로 일하기로 했어요. ❸역사소설을 쓰기로 했어요.❹좋은 대학교에 입학하기로 했어요. ❺에베레스트 산에 올라가기로 했어요. ❻한국말을 배우기로 했어요.

4과 4항

1. ❷꽃다발 ❸뒤풀이 ❹음악회 ❺기대가 돼서
2. ❷동창회 ❸반상회 ❹환영회 ❺동아리
3. ❷심심한데 DVD를 빌려 보자. ❸점심은 간단하게 먹자. ❹날씨가 좋으니까 좀 걷자. ❺배가 부르니까 더 시키지 말자. ❻비가 올 것 같은데 나가지 말자.
4. ❷나중에 만나자. ❸전화해 보자. ❹선생님을 초대하자. ❺그럼, 같이 공부하자. ❻그럼, 조금 이따가 가자.
5. ❷김밥을 싸 가지고 놀러 가려고 해요. ❸사진을 찍어 가지고 친구들에게 보여 줄 거예요. ❹한국말을 배워 가지고 무슨 일을 하고 싶습니까? ❺은행에서 돈을 찾아 가지고 하숙비를 냈어요. ❻작은 옷을 골라 가지고 동생에게 주었어요.
6.

샌드위치	주먹밥	김밥

❷샌드위치를 만들어 가지고 갑시다.

자장면	피자	치킨

❸피자를 시켜 가지고 먹읍시다.

액션영화	코미디영화	공포영화

❹코미디를 빌려 가지고 봅시다.

계란	치즈	떡

❺계란을 넣어 가지고 끓여요.

전자사전	핸드폰	디카

❻돈을 모아 가지고 디카를 사고 싶어요.

4과 5항

1. ❷별로 ❸서두르지 ❹동료 ❺청첩장 ❻결정하지 ❼잊지 ❽꼭 ❾기대가 돼 ❿초대하고

촛	풍	선	소	침	반	상	회
불	치	욕	주	실	동	아	리
축	거	실	방	창	물	축	반
하	수	쓰	회	예	현	의	가
피	로	연	다	방	관	금	회

3. ❷(×) ❸(×) ❹(○) ❺(×) ❻(○)
4. ❷노래방에나 가자. ❸이번 학기까지 있을지 다음 학기까지 있을지 아직 잘 모르겠어. ❹아침 먹었어? ❺선생님께 물어 봐. ❻다음 주말에 하기로 했어. ❼그만 시키자. ❽민수 교과서 같은데. ❾도시락을 싸 가지고 구경 가자. ❿언제 만날까?
5. 1) 반말 을/를 쓰지 않고 존댓말 을/를 썼기 때문입니다.
   2) ❶뭐야? ❷지수야, 참 예쁘게 생겼구나.
   3) ❶(×) ❷(○) ❸(×)
6. 1) ❸
   2) ❶집들이 • • 책
   ❷결혼식 • • 금반지
   ❸생일 • • 비누
   ❹돌 • • 현금
   3) ❶(×) ❷(○) ❸(×)

정답

제5과 교통

5과 1항

1. ②갈아탔습니다 ③번 ④놀이공원 ⑤호선
2. ②KTX ③모범택시 ④시내버스 ⑤무궁화호
3. ②그 학생이 어느 나라사람인지 알아요? ③오늘 이 근처에 왜 사람들이 많은지 아세요? ④어느 시장이 물건 값이 싼지 압니다. ⑤경복궁이 어디에 있는 아십니까? ⑥이 글자를 어떻게 읽는지 아십니까? ⑦마이클 씨가 어디에 사는지 모르세요? ⑧양견 씨가 어디에서 한국말을 배웠는지 알아요. ⑨아이가 어제 무슨 음식을 먹었는지 모르세요? ⑩언제 그 식당이 다시 문을 열지 모르겠습니다.
4. ②수업이 몇 시에 끝나는지 알아요? ③그 분 이름이 무엇인지 알아요? ④양견 씨가 어제 무엇을 했는지 아세요? ⑤연세대학교가 어디에 있는지 아세요? ⑥연세대학교 전화번호가 몇 번인지 아세요?
5. ②100원 짜리 동전으로 바꿔 주세요. ③편한 옷으로 갈아 입으세요. ④어떤 핸드폰으로 바꿀 거예요? ⑤어떤 신발로 갈아 신을까요? ⑥약속 장소를 어디로 바꿀까요?
6.

[보기 1]	[보기 2]
❶불고기는 소고기로 만들어요.	지하철로 가는 게 빨라요.
②저는 학교에 버스로 와요.	책상은 나무로 만듭니다.
③왼쪽으로 가면 화장실이 있어요.	4호선으로 갈아 타세요.
④한식은 수저로 먹습니다.	앞 쪽으로 나오세요.
⑤좀 큰 것으로 바꿔 주세요.	냉면을 가위로 잘라 주세요.

5과 2항

1. ②한 ③보통 ④출퇴근 ⑤정도
2.

❶여기는 버스를 타는 곳입니다.	거스름돈
②이것은 돈을 내고 남은 돈입니다.	단말기
③버스 요금을 낼 때 여기에 카드를 댑니다.	정류장
④여기에는 할아버지, 할머니, 아이들, 그리고 몸이 불편한 사람들이 앉습니다.	노선도
⑤버스가 어디에 가는지 그린 지도입니다.	노약자석

3. ②해외 여행을 하려면 여권이 있어야 합니다. ③교과서를 사려면 1층으로 가야 합니다. ④삼계탕을 만들려면 닭과 인삼을 사야 해요. ⑤학교에 늦지 않으려면 7시에 일어나야 합니다. ⑥결혼식에 가려면 정장을 입어야 해요.
4. ②기차를 타려면 서울역에 가야 해요.
   기차를 타면 밖을 구경할 수 있어요.
   ③건강해지려면 운동을 해야 해요.
   건강해지면 다시 일을 시작할 거예요.
   ④이 일을 다 끝내려면 일주일 쯤 걸립니다.
   이 일을 다 끝내면 여행을 갑시다.
   ⑤물건을 싸게 사려면 시장에 가야 합니다.
   물건을 싸게 사면 기분이 좋아요.
   ⑥그 사람 전화 번호를 알려면 사무실에 가야 합니다. 그 사람 전화 번호를 알면 가르쳐 주세요.
5. ②두 시간이나요? ③네 명이나요? ④민수 씨는 한 달에 전화 요금으로 50만 원을 씁니다. ⑤지선 씨는 일주일에 책을 열 권 정도 읽어요. ⑥리에 씨 집에는 고양이가 다섯 마리 있어요.
6. ❶두 시간이나 걸렸어요. ②3인분이나 먹었어요. ③20만 원이나 썼어요. ④소주를 네 병이나 마셨어요. ⑤하루에 두 갑이나 피워요. ⑥다섯 명이나 안 왔어요.

5과 3항

1. ❷역무원 ❸승강장 ❹내야 ❺요금
2. ❷스크린도어 ❸안전선 ❹행 ❺승객
3. ❶지하식당에 갔습니다. • •껐습니다.

   ❷가방을 샀습니다. • •입었습니다.

   ❸옷을 벗었습니다. • •왔습니다.

   ❹TV를 켰습니다. • •벗었습니다.

   ❺모자를 썼습니다. • •일어섰습니다.

   ❻의자에 앉았습니다. • •바꾸었습니다.

   ❷가방을 샀다가 바꾸었습니다. ❸옷을 벗었다가 입었습니다. ❹TV를 켰다가 껐습니다. ❺모자를 썼다가 벗었습니다. ❻의자에 앉았다가 일어섰습니다.
4. ❷전자사전을 샀다가 무거워서 바꿨어요. ❸에어컨을 켰다가 좀 추워서 껐어요. ❹옷을 입었다가 더워서 벗었어요. ❺창문을 열었다가 바람이 많이 불어서 닫았어요. ❻선글라스를 썼다가 잘 안 보여서 벗었어요.
5. ❷이 분이 고향친구인가요? ❸오늘 날씨가 추운가요? ❹한국말 공부하기가 어떤가요? ❺물어볼 것이 없나요? ❻학교에 무엇으로 오나요? ❼삼계탕에는 무엇을 넣나요? ❽양견 씨를 아시나요? ❾어제 몇 시에 주무셨나요? ❿방학 동안 무슨 책을 읽었나요?
6. ❷회사는 어디에 있나요? ❸몇 시까지 출근해야 하나요? ❹하루에 몇 시간 일하나요? ❺월급은 얼마인가요? ❻점심 식사는 주나요?

5과 4항

1. ❶약도 ❸사거리 ❹쪽 ❺보여요
2.
   ❶ 

   • • 버스전용차로 • • 횡단보도가 있습니다.

   ❷ 

   • • 횡단보도 • • 걸어서 건널 수 없습니다.

   ❸ 

   • • 주차금지 • • 이 길은 버스만 갈 수 있습니다.

   ❹ 
   • • 보행자 통행금지 • • 차를 세우면 안됩니다.

   ❺ 

   • • 일방통행 •……• 한쪽 방향으로만 갈 수 있습니다.
3. ❷회사에 다니다가 그만두었습니다. ❸학교에 오다가 김밥을 샀습니다. ❹공부를 하다가 졸려서 커피를 마셨어요. ❺명동에 살다가 학교가 멀어서 신촌으로 이사했습니다. ❻산에 올라가다가 다리가 아파서 내려왔습니다.
4. ❷학교에 오다가 만났어요. ❸도서관에서 공부하다가 식당에 갔어요. ❹축구를 하다가 다리를 다쳤어요. ❺부산에서 살다가 작년에 서울로 이사했어요. ❻요가를 배우다가 바빠서 그만 두었어요.
5. ❷방이 넓어 보여요. ❸어려 보여요. ❹날씬해 보여요. ❺똑똑해 보여요. ❻맛있어 보여요.
6. ❷가까워 보여서 ❸젊어 보여요 ❹바빠 보여서 ❺행복해 보여요 ❻맛있어 보이는데요

5과 5항

1. ❷보입니다 ❸갈아타야 ❹보통 ❺출퇴근 ❻반대 ❼요금 ❽쪽 ❾내려고 ❿정도

정답

2.

개인	시외	고속	역	모범
(택)	(버)	(버)	(지)	(택)
마을	단말기	벨	승강장	안전선
(버)	(버, 지)	(버)	(지)	(지)
환승역	정류장	전용차로	잡다	역무원
(지)	(버)	(버)	(택)	(지)
노선도	노약자석			
(버, 지)	(버, 지)			

3. ❷우리 반에서 누가 노래를 제일 잘 부르는지 알아요? ❸빨간색으로 바꿔 주세요. ❹일찍 일어나려면 어떻게 해야 합니까? ❺3인분이나요? ❻택시에 탔다가 지갑을 안 가지고 와서 내렸어요. ❼파마를 하니까 귀여워 보여요. ❽태권도를 배우다가 너무 힘들어서 그만두었어요. ❾몇 시쯤 집에 돌아오나요? ❿오늘 날씨가 어떤가요?

4. ❷텔레비전을 켰다가 재미없어서 껐습니다. ❸너무 더워서 문을 열었다가 비가 와서 닫았습니다. ❹방 청소를 하다가 옛날 사진을 찾았습니다. ❺비가 오다가 그쳤습니다. ❻방학 동안 고향에 갔다가 오겠습니다. ❼영화를 보다가 너무 슬퍼서 울었습니다. ❽우유를 냉장고에 넣었다가 꺼냈습니다.

5. 1) ❸ 2) ❷ 3) ❸ 4) 아현, 4번, 횡단보도, 왼, 왼

6. ❶역 이름 ❷출구 번호 2) ❷ 3) "연세대학교에 가려면 어느 역에서 내려야 합니까?" "연세대학교에 가려면 몇 번 출구로 나가야 합니까?"

복습문제(1과~5과)

I. 1.부터 2.직접 3.꼭 4.정도 5.우선 6.쭉 7.짜리 8.별로 9.치수 10.전공 11.계산 12.예절 13.동창 14.요금 15.광고

II. 1.❷ 2.❶ 3.❹ 4.❹ 5.❸

III. 1.❷ 2.❸ 3.❷ 4.❸ 5.❶

IV. 1.언제든지 괜찮아요. 2.써도 돼요. 3.먹으면 안 돼요. 4.사전을 찾아도 없어요. 5.냉장고가 있기는 하지만 너무 작아. 6.아니요, 영화가 몇 시에 끝나는지 몰라요. 7.아니요, 수술을 받은 적이 없어요. 8.피곤하겠군요. 9.여자 친구와 싸웠기 때문이에요. 10.박선생님이 나간 지 한 시간 되었어요. 11.집에서 학교까지 두 시간 걸려요. 12.출퇴근 시간에는 무엇이 제일 빠른가요? 13.제주도에 갔으면 좋겠어요. 14.집에 가다가 서점에 들렀어요. 15.옷을 샀다가 너무 커서 바꿨어요. 16.노란색으로 하겠습니다. 17.학생증이 있어야 합니다. 18.40분이나요? 19.집에서 할지 식당에서 할지 결정하지 못 했어요. 20.열심히 공부하는 학생에게 주기로 합시다.

V. 1. 잘 어울리는데 입어 보세요. (○)
잘 어울리는데 입어 봤어요. (　)
2. 한국 신문을 읽으면 한자를 공부했어요. (　)
한국 신문을 읽으려면 한자를 공부해야 해요. (○)
3. 도서관에서 책을 빌려서 왔어요. (　)
도서관에서 책을 빌려 가지고 왔어요. (○)
4. 제 농담 때문에 친구가 화가 났어요. (○)
제 농담이기 때문에 친구가 화가 났어요. (　)
5. 하숙비를 내러 돈을 찾았어요. (　)
하숙비를 내려고 돈을 찾았어요. (○)

VI. 1.돌아갈지 2.빠른가요 3.귀여워합니다 4.먹다가 5.졸업한 지

VII. ❶어제 집에 가니까 4시 반이었어요. ❷숙제로 문장을 세 개 만들어 가지고 오십시오. ❸친구의 우산을 빌렸다가 그 다음 날 학교에서 돌려주었습니다. ❹어제 산 가방인데 값도 싸고 모양도 예뻐요. ❺민수 씨는 술을 조금만 마셔도 취합니다.

VIII. 1.지선아, 오늘 바빠? 2.어디에 갈 거야? 3.친구가 많아서 좋겠다. 4.날마다 한국 뉴스를 듣는다. 5.응, 어제는 술을 많이 마셨어. 6.약속 시간이 4시 아니야? 7.진심으로 축하한다. 8.밤늦게

전화하지 마라. **9.**다음 주 수요일에 만나자. **10.** 내 친구다.

Ⅸ. **1.**신문을 읽고 있어. **2.**한국 회사에 취직하고 싶어. **3.**아니, 바람이 많이 불지 않아. **4.**응, 네가 운전해라. **5.** 2시 비행기를 타려면 10시에 출발해야 해. **6.**응, 날마다 운동하면 살이 좀 빠질 거야. **7.** 열 시에 들어왔어. **8.** 응, 닫아도 돼. **9.**아니, 미국 사람이 아니야. **10.**오늘 날씨가 참 좋아.

십자말 풀이 1

				❶② 식	당	가		❾⑩ 부	르	다		⑳ 관
	❺ 걱	④ 정		품				억				광
		❸ 도	⑥ 서	관		⓫ 편	⑫ 지			㉑ 유	㉒ 적	지
			두				⓭ 내	다			다	
	⑧ 유		르		⑭ 닭		다					
❼ 서	명	하	다		갈							㉔ 찌
				⓯ 준	비	하	다			㉓ 뿌	리	다
⑯ 사									㉖ 환			
⓱ 거	스	름	돈		⑱⓳ 고	르	다		승			
리					모			㉕ 무	역